彭小波 / 著

高中语文与生活化教学

中国出版集团　现代出版社

图书在版编目(CIP)数据

高中语文与生活化教学 / 彭小波著. — 北京：现代出版社，2021.12

ISBN 978-7-5143-9655-3

Ⅰ.①高… Ⅱ.①彭… Ⅲ.①中学语文课—教学研究—高中 Ⅳ.①G633.302

中国版本图书馆CIP数据核字（2021）第274991号

高中语文与生活化教学

作　　者	彭小波
责任编辑	张　璐
出版发行	现代出版社
地　　址	北京市安定门外安华里504号
邮政编码	100011
电　　话	010-64267325　64245264
网　　址	www.1980xd.com
电子邮箱	xiandai@cnpitc.com.cn
印　　制	北京政采印刷服务有限公司
开　　本	710mm×1000mm　1/16
印　　张	12.25
字　　数	196千字
版　　次	2022年4月第1版　2022年4月第1次印刷
书　　号	ISBN 978-7-5143-9655-3
定　　价	45.00元

目录

第 一 章

大语文教育与生活语文

语文作为基础人文学科，既是生活与时代的记录和折射，也是生活与时代的梳理和反思。学习语文的目的之一，就是了解生活，适应生活，并创造更美好的生活。大语文理念的提出，实际上促进了语文生活化趋势的发展与深入，毕竟，这个世界上，有什么比生活更大，更包罗万象，更引人深思呢？

第一节　大语文教育时代来临

大语文时代的来临，是高中语文教学改革发展的必然趋势，也是语文自身进步的要求。大语文时代对高中语文教育提出了更高的目标与要求，同时推动了高中语文教育质量的深度发展。

一、大语文产生的背景、概念与内涵

大语文，顾名思义，是大思维、大格局的语文，是放大、扩展、开放的语文，它不仅是高中语文课本里面的语文，而且是与广阔的现实生活广泛联系在一起的语文。大语文时代意味着语文的应用越来越广泛，学生需要语文的学习，走向社会的人们也需要语文，语文在人们的生活和学习中的重要性日益凸显。基于此，我们可以认为大语文时代就是指广大人民群众广泛应用语文、强烈需要语文的时代，也是基础教育领域拓展语文学习与应用深度的时代。

（一）大语文产生的背景

大语文是中国本土文化发展的需要。中国数千年的传统文化博大精深、源远流长，有着无数璀璨的文化成就，中国传统本土文化的传承需要当代人有深刻的理解力、强大的判断力、良好的欣赏力及宽厚的思维包容力，语文教育则是培养此类能力的学科。

大语文是推进素质教育，提高核心素养的需要。我国基础教育在高考招生指挥棒下，应试教育特点突出，唯分数，看成绩，导致学校教育偏离了素质教育发展方向，培养了不少高分低能的平庸之才。语文教学对素质提升与人文品德提升有独特价值，为了推进素质教育和提高核心素养，建立大语文观势在必行。

大语文是提升语文学科核心素养以及进一步深造的需要。部编语文教材总主编、北大中文系温儒敏教授关于语文教学的金玉良言，见证和体现了"大语文时代"的到来。温教授认为："语文或者中文学科，是所有学科中最基础的学科。正如数学家、原复旦校长苏步青所说，如果数学是学习自然科学的基础，语文则是基础的基础。语文学科的目标不光是提升语言运用的能力，还担负着思维能力、审美能力培养和文化传承的使命。""语文的功能，不光是提高读写能力，最基本的是培养读书的习惯。""就语文而言，（平衡应试需要和开放教学的）办法就是鼓励多读书，别死抠教材教辅。阅读面宽了，视野开阔了，考试成绩不会差，而素质也会提升上去。有水平的老师是懂得平衡的，而没有水平的老师只会偏向应试。""为什么应试教育走不出来，不能怪教育本身，这和社会的紧张程度和焦虑感有关。大家总在说优质教育资源太少，实际上是优质教育资源永远是少数。竞争如此激烈，家长如此紧张，应试教育很难抑制。面对这样的现实，我们在方法上做点改进，希望能有些平衡。既让学生考得好，又不把脑子搞死，那才叫水平。""改善（应试教育）的办法是提高命题的水平，有一部分题是可以容许不同发挥的，不要标准答案。教学中应当加强思维训练，特别是批判性思维。通过‘语用’的学习把思维能力带起来。这是我们语文教学的弱项。”“在中小学阶段养成读书的爱好与习惯，那么也就可能打好一生发展的底子。”“要让学生对读书对语文课有兴趣，前提就是语文老师是‘读书种子’。”①“我主张语文老师要当‘读书种子’，要有属于自己的自由而个性化的阅读。”

大语文是提高其他学科学习能力的需要。高中语文教育是学习任何一门课程、任何一门行当的基础。在数理化解题中，要准确了解题目的意思，就需要语文；在人文学科中，语文的基础地位也毋庸置疑，没有语文，可能阅读解析基础材料都存在困难。语文教育中的理解分析能力是解决问题的关键，是学生考试中审题的基础，是我们生活、学习和成长过程中不可或缺的因素。

由此可见，语文教育提升了中国人的人文素养，传承着中华五千年的文化底蕴。“大语文时代”是由“大语文”引领和提升全民语文素养、推进素质教育、提高文化能力的时代。

（二）大语文的概念内涵

当代语文教学已进入素养立意新时代，高中语文教学要善于在更宽的视野上解读语文教材这个大文本，从中发现变化、方向和未来。语文教育教学不应局限于语言教育，还应注重人文、核心素养的教育。大语文培养的不仅是学生的语言表达能力，实际上还有学生的信息整合、分析能力，对事对人的同情心、同理心以及对美的欣赏和感受能力。

从某种意义上来讲，“小语文”通常以语文教材为核心，将教学集中

---

① 江亚仙.打开名著阅读教学的两把钥匙［J］.中华活页文选：教师，2016（6）：34-37.

于全部语文课程，学生的语文思维局限于教材与课堂；"大语文"则是确立以人为本、以学生成长为本的原则，从而实现大阅读、大教育的教学目标。

"大语文"是"大语文教育"的简称，"大语文教育"是已故的特级教师张孝纯先生创立的一种新型的、带有突破性的语文教育思想。[①]它主张语文教育以课堂教学为轴心，向学生生活的各个领域开拓、延展，全方位地与他们的学校生活、家庭生活和社会生活有机结合起来，并把教语文同教做人有机结合起来，把传授语文知识同发展语文能力、发展智力素质和非智力素质有机结合起来，把读、写、听、说四方面的训练有机结合起来，使学生接受全面的、整体的、强有力的培养和训练。

大语文其实是包括语言文字认知、语言表达能力、哲学思辨能力、传统文化素养、阅读理解能力、多元文化理解能力、写作能力等综合素质在内的开放式语文教学。近年来，高考语文也体现了大语文的理念与特征，课外拓展内容增多，重视传统文化积累，对考生语文综合能力和思辨能力的要求提升；而高考改革后强调的综合素质和核心素养与"大语文"的内蕴关系密切，尤其重视中华优秀传统文化素养与现代思辨素养。

国家根据现实社会发展对高素质人才的需要，从战略高度出发着手进行语文教育教学改革，语文的地位明显提高，"得语文者得天下"的特征逐渐显现，语文的广度、难度提升，不管是基础教育还是中考、高考，语文地位都更加重要。

---

① 翟新华.大语文观下高中语文课外阅读教学的探索［J］.科普童话，2020（8）：16.

北京大学教授陈平原认为：语文重要，是因为语文承载着学习其他科目的基础。①它会影响学生的一生，并且这种影响往往是潜移默化的。原复旦大学校长苏步青认为：语文是成才的第一要素，对学生学习其余学科有着深刻影响。

在工业化时代，社会热衷于"快餐文化"，对语文素养的要求降低了，随之而来的是画面代替了大脑、形象代替了思考，人文精神与思辨能力逐渐弱化。世界是美好的，生活是美好的，大语文要培养学生从普通事物中发现美、感受美及愉悦美的能力，让学生在语文学习中不断充实美的内容：看到同样的蓝天、湖水、飞鸟，有人吟出"落霞与孤鹜齐飞，秋水共长天一色"的赞叹，有人感悟出"天空有鸟飞过，没留下痕迹"的情感体验，这都是文学素养与审美素养的体现；而有人只能说"天空好多鸟"，甚至有人发出"这么多鸟，真讨厌"的牢骚，这就是审美能力、审美境界不同的结果。很多学生在走入社会以后才突然发现语文学习是多么重要。一个谈吐优雅的人，可能得到更好的发展机会；一个理解能力较好的人，可以更好地与人进行沟通；一个读书多、见识广的人，更容易赢得社会的认可；一个写作能力与表达能力好的人，可能会在职业生涯中更有优势。在当代社会，学好语文不仅能展示"腹有诗书气自华"的特质，而且能提高个人的生活质量和生活品位。

"大语文"要求学生的语文学习，不能停留在过去语文知识学习、语文知识表达等传统意义层面，学习的内容也不能局限于语文课本，而要将眼光拓展到文学、文化、艺术、历史等更广阔的空间，用更大的格局和眼

---

① 庞春华.怎样学好语文［J］.新一代（理论版），2020（6）：83.

光去看待知识，并注重从中国传统文化宝藏中汲取精华，弘扬千百年来祖先留下的品德精神，培养文史哲艺综合素养。

二、新课改时代的大语文

中国基础教育改革逐渐步入深水区，新课程改革持续深入，培养更符合时代气息，文化素养更高的综合型人才成了现代化教育的核心目标。加上核心素养以及学科核心素养培养目标的提出，新课程改革给基础教育带来的转变必然带动高中语文教学的改革。

（一）新课改推动教学理念改进

受传统教学理念与方法的束缚，也受到语文测试与评价体系的影响，高中语文教师在教学时总是以自身经验与教材框架范围为主，容易忽视学生在课堂教学中的主体地位，长期处于此类教学模式之中，不利于学生语文知识综合运用能力的提升，也无法促进学生多元智力发展。从高考角度来讲，新高考设计的题型更为现代化、更加开放化，学生若是仅仅围绕语文教材与课堂，是很难取得优秀的语文高考成绩的。新课程改革背景下的高中语文教育教学改革尤为重要，而大语文理念是高中语文教育教学改革的必然选择。

传统的语文教学理念一味突出考试及教材的重要性，以教师的经验为主导，从而忽视了学生的学习主体性与积极性，导致学生缺乏学习兴趣。随着时代的发展和教育改革的深入，高中语文必须更新传统教学理念，将课堂主体地位还给学生，科学、高效、深度地对学生进行引导性教学，激发学生学习高中语文的兴趣，增强学生对高中语文的学习信心，发展其语文核心素养。

例如，在讲解苏轼的《赤壁赋》时，语文教师应先引导学生进行自主预习，预习的具体内容包括：诗歌中出现的生词、生字，既可以查字典了解，也可以通过互联网搜索资料学习，还可以主动跟教师、家长请教；作者的写作背景，包括作者个人成长背景、创作特点以及创作该诗词时的个人境遇、社会文化背景；全诗的大概含义，主要是诗歌表达的意思与情感，包括情境性质的表层描述与心理、社会性质的深度表达。通过有效的预习，学生初步建立分析、理解诗词的基础，当教师正式授课时，学生就可以更关注自己不懂的问题，从而达到更好的教学效果。

（二）新课改推动教学方法更新

改进传统教学理念后，高中语文教师还要立足学生更新传统的教学方法，提高学生探究学习高中语文知识的能力与素养。高中语文是一片广阔的世界，拥有无数通往各类语文知识的探究通道，高中生只有具备良好的探究能力，才能真正学好语文，实现大语文时代的追求与目标。

探究学习可以分为自主探究和合作探究。自主探究，即在教学过程中，由学生个体自行对相对简单的、易于理解的题目，在教师的引导下进行探究学习，从而加深对知识的理解。例如，在讲解《祝福》时，教师可以设置一些简单的问题，引导学生进行自主探究，如"祥林嫂生活在什么时期？""祥林嫂的性格特点是怎样的？""祥林嫂的形象特点是什么？""与祥林嫂相关的人物都有谁？"等等。此类问题难度不大，但是有利于培养学生的探索思维与习惯，经过长期引导，学生在阅读文章时，就会对文章中出现的时间、地点、人物等进行主动分析，从而更深刻地了解文章的价值与内容。合作探究是区别于自主探究的另外一种学习方式，它强调合作与交流，可以培养学生的团队合作学习意识。一般来说，合作探究适合研究开放性和有深度的问题。仍以《祝福》为例，在学生进行合作探究时，可以设置问题如"祥林嫂的性格与生活为何会发生如此巨大的变化？是什么因素导致了这种变化的发生？""祥林嫂有什么象征意义？""通过祥林嫂人物形象的创作，鲁迅先生想要传递和表达何种信息？"等等。此类难度系数较大同时具有一定开放性的语文问题，学生个体思考探索很容易失之偏颇，若采用合作探究方式，通过思维的不断碰撞，彼此之间进行交流与沟通，则可以获得相对深刻、完整的答案。

（三）新课改推动教学资源整合

大语文实际上也有教学资源丰富与整合的指向。近年来，高中语文教学测试中出现了诸多实践运用题目，要求学生根据题目给出的情境进行思考，然后予以一定的实践操作回答。实践运用对高中生来说并不容易，提高学生知识运用能力更是教师教学的难点。受传统语文教学模式的影响，高中语文教师在教学过程中更侧重对学生进行教材知识的灌输，同时采用一定的教学技巧训练和提高学生运用语文知识的能力，却未能给学生提供真实的语文体验，忽视了学生实践操作能力的提升。基于此，不管是为了学生的全面发展，还是为了更好地迎合新高考改革，高中语文教学都应深度整合教学资源，为学生营造全新的学习环境，不仅要重视基础知识的学习，还要重视语文实践运用能力的提升。

整合语文知识需要与时俱进，如充分利用信息技术。例如，在讲解《廉颇蔺相如传》时，教师就可以利用多媒体为学生播放一段与廉颇、蔺相如相关的视频，在激发学生学习兴趣的同时引导学生将视频与课文内容进行对比，进而提高学生发现问题、解决问题的能力。尤其是互联网提供的解读有着丰富的背景以及更加生动的情节，更容易促进学生的学习体验。此外，教师要重视生活中各类教学资源的整合，如引导学生去参观革命博物馆，在此基础上学习革命题材的文章；或者观看某个作家的纪录片，学习其文章。

（四）新课改推动高考语文变化

高考依旧是语文教学与评估的重要标准，这是客观事实。在过去很长一段时间里，语文不是造成分数差距的科目，大部分学生的语文成绩差异不大。然而，随着新课改的推进，大语文理念渗透到高考中，高考语文成绩出现了较为显著的变化。根据对新高考后浙江省某年高考前十名学生成绩的研究，语文成绩差异是造成总分差异的关键。第一名的各科成绩为：语文132分，数学147分，英语144分，物理100分，化学100分，生物100分，总分723分。第十名的各科成绩为：语文114分，数学150分，英语143分，物理100分，化学100分，生物97分，总分704分。第一名与第十名的总分相差19分，而仅语文一科成绩的分数差就有18分，其余科目分数非常接近。这种情况与语文高考改革有着密切的关系，大语文理念下，高考语文增加了层次选拔功能，部分语文特别优秀的学生将会在高考中占据优势。

新课改背景下，语、数、外一直作为学科中的"主科""大科"，然而其受重视程度却不一样，数学、英语被视为更好地拉开分数差距的科目，因此更受重视，语文受重视程度相对低一些。语文高考改革新方案进一步突出了语文学科的基础地位及考试分数的"大科"地位。未来高考对考生及语文教师的素质提出了更新更高的要求，传统的"语文就是背背念念，谁都能带"的观念已远远不能适应发展要求了。

当今社会已进入波澜壮阔的信息化时代，教育为生活服务已成为时代主题。如今"复合立体"的时代决定了单调、机械记忆型语文教学模式培养的"呆板"人才已不能满足时代发展的要求，呼唤"大语文时代"的到来。

三、大语文教育的实践

大语文教育的实践强调以课堂教学、阅读教学和生活实践教学为基础，并将它们融合起来，提高学生的语文基础能力，丰富学生生命体验，从而促进学生的人文成长。

（一）大语文教育的核心阵地——语文课堂教学

大语文教育强调人文性、开放性和实践性，同时重视语文课堂教学的主渠道、主阵地功能，重视语文教育工具性的基础作用。大语文教育应立足课堂，强调基础知识学习，注重语文知识积累和能力的训练，认真汲取我国传统语文教育之精华，拓展学生语文思维。

在课堂教学中，教师"高""精""准""透"的讲解能拉近学生与语言、文化、价值、精神的距离，也让学生真正了解生活。精彩透彻、高屋建瓴的讲解，带给学生的一定是更加深刻的思考和更加强烈的求知欲望，这是学生自主学习无法企及的。语文教学是需要积累与阅历的，毕竟学生的人生阅历和知识建构远不如教师的完善与广阔。

一流的语文教师一定是让课堂充满人文魅力与思辨活力的。人类文化浩如烟海，语文教材选取了最精彩的语文知识，是引领学生走进语文世界的桥梁和钥匙。一篇篇语言精美、含义或直显或幽深的经典诗文，都应该成为教师引领学生潜心吟咏、品味语文魅力的材料，并将其融入生命感悟；一篇篇蕴藉着人类思想与智慧的不朽文章，都应成为教师引领学生走近圣贤与大师的路径，并与他们进行精神和思维的交流。在课堂教学中，语文教师应精准地抓住每一个文字的个性、每一篇文章的精髓，以此为核心引领学生深化拓展，进而把学习的触角由课内延伸到课外，延伸到人类历史的长河中，延伸到广阔的现实社会生活中，真正使语文课堂既尊重教材又不囿于教材，实现课堂与教材、课堂与学生、课堂与课外、课堂与思维、课堂与文化、课堂与生活的有效衔接，使语文课堂真正成为大语文教育的核心阵地。

（二）大语文教育的重要路径——深度广泛阅读

自古以来，阅读就是人类获取知识、丰富认知的路径，随着社会的发展，阅读变得更便捷，阅读已然成为人们的一种生活方式。对个体而言，日常学习、工作、生活处处离不开阅读，阅读之于现代人的生活，既提供工具思维，又提高精神养分。

当代社会的快餐文化阅读，固然享受，但其营养含量根本无法与人类文化的经典著述相提并论。语文要引领学生通过高雅的阅读，与圣贤对话，与大师交流，感知语言的魅力，徜徉于人类多彩的文化经典殿堂，欣赏人类精神创造的无数美景，让人类文明与智慧丰富学生的精神世界，提升其文化素养，使其享受高品位的精神生活。由于人性变化的缓慢特征，艺术创作较少具有进步过程的阶梯性质，所以其生命力可以历经千年而不衰。老子的《道德经》、柏拉图的《理想国》等古今中外无数文学艺术经典作品，都是人类精神文明和智慧长期积淀的成果，值得现代人用心去阅读。中华民族传承数千年的文化经典著述，其语言魅力是需要用眼用心去感知的，它的思想厚度和艺术价值是需要仔细品读、玩味的。语文教育就是启发学生加强人文阅读的重要路径。

当代大语文教育就是要培养既具有现代意识与观念又不乏传统文化素养的人才，而其中很重要的一条途径就是，通过广泛、深度的阅读弘扬民族优秀传统文化，从源远流长、博大精深的民族传统文化中汲取营养。

（三）大语文教育的体验之道——融入生活实践

语文课堂教学注重基础知识与基本技能的学习，并通过探寻语言的规律与运用提高语文素养。然而，语文最终还是要融入现实生活中的，基于生活实践去运用与感知，通过实践去检验与修正、丰富与强化。

语文作为人文学科，不仅注重基础知识的学习，而且探寻人类内心世界，高度重视主观的感受和体悟，追求心灵与精神的生动和丰富。

课堂与书本的学习内容，必须经过实践体验才能真正成为学生自主建构起来的财富。从中国诗歌的意境而言，缺乏体验是根本无法感受其文化精髓的。宋代辛弃疾的《清平乐·村居》中有一句"最喜小儿亡赖，溪头卧剥莲蓬"，若是没有江南生活的体验，是很难感受到村居生活的闲适与淡雅的。大语文教育是生命教育，它不局限于课堂的学习。生命的成长需要生命自身的体验，因为只有亲身体验到的东西，才是真正意义上的获得，才能真正成为自身的知识。大语文教育为学生提供全方位的语文实践与体验的平台，创造各种学习体验契机，如朗诵、郊游、演讲、辩论、诗歌吟唱、文学创作、剧本改编、课本剧排演、创办校刊、撰写校园公益广告、大型节目策划、活动主持、社会调查访谈等，使学生的语文知识在生活体验过程中得以应用、丰富与完善，同时为学生获得新的语文知识提供了契机。作为高中语文教师，引导学生在活动中体验、在生活中体验、在行动中体验，且在体验中收获、在体验中成长，是义不容辞的责任。

中外教育学家都强调生活与教育的融合，无论是陶行知的"生活即教育"理论，还是杜威的"教育即生活"理论，都强调"教育"与"生活"的相互融合和促进。教育与生活结合才能产生意义，不与生活相结合的教育就不是真正的教育，语文教育亦如此。首先，生活是语文教育永不枯竭的活水泉源。广播视频中信息的获取、与人沟通交流的艺术、对广告内涵的理解、短信博文的发表、简介总结评价的撰写……生活中有着丰富而鲜活的语文教育资源，这些资源贴近学生生活，生动而真切，比"书本上的语文"更具有鲜活性与实用性。教师应当引领学生关注生活、关注人生，然后引导学生客观辩证地分析问题、看待问题，在关注与思考中逐渐深化思想认识。语文教育不能囿于课堂和书本，要充分利用生活环境中的教育资源，尤其是注重开发具有区域特色的语文教育资源，将语文学习的外延扩展到日常生活，追求语文教育视野的最大化、资源的最大化、能力的最大化和境界的最大化，使语文教学真正与生活紧密联系在一起。其次，生活是语文教育最好的实践训练场。学校创设的实践活动的确可以为学生提供实践训练的契机，但社会才是学生最终的生存环境，在学校所学的一切都要服务于学生未来成长与生存，都要为学生融入社会、服务社会奠定基础，所以社会生活才是检验并修正学生所学语文知识的真正训练场。语文教育的意义在于帮助生命表达自我、沟通交流、体验感悟、涵养心灵，并在生命与生命、生命与世界的交流中获得精神世界的丰富，最终实现一种优化了的高品质的生命形式，一种畅顺便捷、诗意丰富的高品质生活。从这个意义上说，语文教育是无论如何也不能与生活相隔离的，它必须指向生活与生命品质的提升，否则就真的异化为考卷上的分数了。

第二节 语文教育教学应回归生活

陶行知先生作为我国著名教育家，提倡以生活为中心的"生活教育"，给语文教学注入了新的活力。让语文教育回归生活，即将语文课堂置于生活中，利用生活现实创设教学情境，让语义融入生活，散发生活味道。高中语文教师应带领学生亲近生活、接触生活，利用已有的生活经验，基于生活知识背景，开展有意义的语文教学活动，让学生在亲身经历中体会到语文源自生活，认知语文知识的生活价值。

一、语文教育教学回归生活是本质要求

语文教育回归生活是学科性质的要求，尤其是工具性与人文性的要求。语文教育回归生活可以提高语文教学质量与效率，有利于学生成长。

（一）语文教育教学回归生活是学科性质的要求

语文学科具有很强的社会性特征，它的主要研究对象、内容范畴及应用空间都与社会生活有着深刻且密切的关系。由此可见，语文学科的社会性质决定了语文教育必须回归生活。语文学科的社会性是指语文渗透于

社会的多个维度及多个层面，与社会密切相关，如著名的经典小说《红楼梦》，就描写了某一段历史时期的豪门贵族的社会生活，包括衣食住行、情感、社交、生意等多个维度，也有不同层面的人和事物的描写，展示了一种生活、一个社会与一个时代。

在现实生活中，语文无所不在，阅读报刊、欣赏影视剧、提交个人申请、完成业绩报告、写信等，都需要应用语文知识。人们对语文的学习并非从学校开始，从认识世界开始，实际上就在训练语文中的认知与表达能力；也不会以走出学校而结束，从某种意义上来讲，走出校园进入社会才是语文知识得以应用的新开始。语文学习和应用广泛而长期地存在于家庭、学校和社会之中，语文知识既在书本里，也在生活中，它无处不在。书本中的语文知识是精华、是钥匙，生活中的语文知识是应用、是感悟、是体验。书本以外的生活，更是学习语文的广阔天地。读书看报是学语文，吟诗作对是学语文，欣赏名山大川是学语文，调查分析是学语文，了解民俗风情是学语文，参加公益事业是学语文，与人交谈是学语文，甚至休闲娱乐游戏同样也是学语文，语文学习的触角深度延伸到生活的各个领域，真可谓"处处留心皆学问，人情练达即文章"。吕叔湘说："语文课跟别的课有点不同，学生随时随地都有学语文的机会，逛马路，马路旁边的广告牌；买东西，附带的说明书，到处都可以学习语文。"

语文学习的一个重要目的是提高语言的运用能力，而应用语文知识的空间就是生活。语文知识与素养的具体水平，只有在社会生活语言活动中才能得以真正的检验。语文学习联系生活，可让学生深刻体验到语文离不开生活，生活需要语文，学语文可更好地认识生活，参与生活，改造生活。检验学生的写作水平，可以看其生活中会不会写各种材料，能不能写出精彩或者规范的各类文章；检验学生的阅读水平，可以看其阅读数量以及对阅读材料的理解与把握；检验学生的语言表达能力，可以看其说话的逻辑、清晰程度以及语言沟通表达的技巧；等等。生活是语文学习的大舞台，它为语文教学提供了巨大的空间。高中语文教学要紧密联系生活，引导学生将学校课堂教学与生活体验结合起来，努力将教学活动延伸到学生生活的整个空间中去，让学生在生活中学语文，让语文更好地为生活服务。

（二）语文教育教学回归生活是由语文的工具性与人文性决定的

语文的工具性是指语文是一种既反映生活又反过来服务生活的工具。听、说、读、写等语言基础能力既是从生活中总结而来，又在生活中得以应用，达到让生活变得更好的目的。学生写信的知识是学习语文所得，学会写信之后，就可以在生活中通过写信的方式与人进行交流沟通；学习阅读也是语文教学的基本内容，学会阅读之后，通过阅读获取信息就是语文在生活层面的价值体现。语文知识与素养是生活的一种工具，若失去了生活，所有的语文技巧就都变成无所附着的文字游戏。语文与生活相结合，则读有嚼头，写有源头，全局皆活。

语文不仅是工具，更是人的生命活动、心灵活动，它关心人的成长、关心人的价值，这是语文的人文特性。语文介入生命活动、心灵活动的唯一途径就是介入人的生活。当我们阅读《道德经》的时候，学习的是深邃的道家思想与辩证思维，从而让个人的思维与情感得到发展；当我们阅读《三国演义》的时候，感悟的是一个时代的精神文化与社会发展，从而让自己的体验与素养得到丰富。语文促进学生人文情怀的发展，阅读了大量的爱国主义作品，学生会产生爱国主义情怀；阅读了大量的童话、神话作品，学生的想象力会更加丰富；阅读了大量的现实主义小说，学生对社会的思考会更加深刻，这些都是语文人文价值的体现。然而，人文价值不能停留在书本上，而要在社会生活中体现，有了爱国情怀，在生活与工作中，就会通过自己的努力为国家做贡献；对社会有深刻的思考，就会心存善念，乐于助人等。如果说语文的工具性让学生在社会中具有应用能力，那么人文性则让学生拥有更丰富的情感，更好的价值理念。

语文教学应认识到学生是人，是生活中的人，是独立的生命个体，是有尊严的生命个体。从生活、社会与生命角度出发，充分挖掘语文教学中的人文精神，让教学充满人文关怀，不仅可提高学生使用语文工具的能力，还有利于陶冶学生情感，发展学生个性，提高学生的人文素养。

（三）语文教育教学回归生活是学生成长与社会发展的需要

传统语文教学理念下，教师更侧重知识的传授与技能的训练，教学内容长期局限于语文课本，很少站在学生生活的需要与成长的高度来审视教学活动，致使语文教学成了学生的一种负担。在语文教学中渗透学生的生活，走语文教学生活化的道路，让语文教学回归生活，是语文教学的返璞归真。

一切生活皆语文，让语文教学回归生活，不仅可以克服传统教学中只注重知识传授的弊端，而且能激发学生参与学习的主动性，培养学生的创新意识和各方面的能力，丰富学生的人文情感，激发学生学习语文的兴趣，焕发高中语文课堂教学的生命活力，建立起学生"知识世界"和"生活世界"的桥梁，最终让语文教学走向生活，在生活中学，为生活而用。应试教育影响下的语文教学应当走出传统教学模式，将应试语文变为生活语文，让语文教学基于生活，服务于生活，让学生在生活中知行合一，有效提高学生的语文素养。

被誉为当代教育思想发展里程碑的《学会生存——教育世界的今天和

明天》报告中，鲜明地提出了基础教育"为了生存"和"学会生存"这一主题；面向21世纪的《德洛尔报告》则更明确地提出，"学会认知""学会做事""学会共同生活"，"学会生存"是教育的四个重要支柱。[①]更重要的是，基础教育被视为"走向生活的通行证"，它观照生活世界，回归生活，注重生活的教育意义和教育对学生生活方式的建构，成为世界基础教育改革的一个基本特征。然而多少年来，我们的基础教育脱离了学生的生活世界，导致学生对人生与社会自主思考的忽视，导致课堂教学缺乏生命活力，导致教育丧失生活意义。与人的"生活世界"分离的教育难以体现教育全部的生活意义和生命价值，无法给予学生"走向生活的通行证"。正是从这个意义上说，回归生活世界，是当前基础教育改革与重建的根本依据。

二、语文教育教学回归生活的现实路径

高中语文教材中的每一篇课文都来自生活，包括历史生活和现实生活，真实生活与虚拟世界，让语文教育教学回归生活，就必须找到语文教育教学回归生活的现实路径。在高中语文课堂教学中，我们应该明白语文教学内容的外延与生活的外延相等，因此应以课堂为起点来实施生活化的教学，加强课堂教学与生活的沟通，让教学贴近生活、贴近实际，帮助学生更好地理解课文内容并真正受到启迪，只有这样，才能赋予课文以生命和活力，更好地揭示其全新的潜在意义，同时引导学生更好地懂得生活、学会生活、改造生活，做生活的强者，做生活的主人。

---

① 唐永庆. 新课程理念下的"四个学会"［J］. 吉林教育，2010（7）：110.

（一）在查询与访谈中观察生活

由于语文课文中的部分人和事与学生存在时空距离，学生的学习认知难以全面，甚至可能出现一定的偏差。部分课文内容虽然是学生比较熟悉的生活现象，但往往因为学生的思维局限于教材，缺乏对生活的体验与观察，导致他们熟视无睹或知之甚少。基于此，高中语文教师在教学时应指导学生留心观察，通过观察认识生活，扩大视野，理解课文，强化语言文字的训练，提高观察和理解能力。教师可以组织学生查阅相关资料，进行调查访问，加深对教材知识的理解。

例如，在学习近现代革命题材的课文时，教师可以让学生观看相关的纪录片，如果有条件的话，可以采访一些附近的老革命或者看他们的采访记录，真正了解近现代革命事业所面临的恶劣环境，了解革命者坚韧不拔的意志以及为革命事业献身的高尚品质，从而对文章内容产生情感共鸣，而不是因为缺乏体验而失去感悟。

再如，学习写景的文章时，教师可以在出现大蓝天或者火烧云的时候，向学生提出明确的观察任务，并精心指导学生抓住特点去观察，了解它们的姿态万千、变化多端，让学生通过观察来认识生活，进一步理解写景课文的创作手法。

（二）在创作与演绎中再现生活

任何文章都有一定的创作背景，而创作背景都与生活有密切关系。从本质上来讲，每一篇课文都是以语言文字载体记录着一定的生活信息，高中生学习语文就是在头脑中把语言文字还原成客观事物，从而获得主观感受，实现成长。语文教育教学回归生活，强调的是一种生活背景下的情境化学习，这样的学习是最有效的。有的课文内容距学生的生活较远，给学生的学习带来一定的困难，教师教学时应借助情境的创设再现课文所描绘的生活画面，使学生如临其境，激发学习兴趣，更好地理解课文内容。必要时，教师可以通过创作把课文演绎出来，把语言文字变成活生生的生活，展现在学生面前，从而加深其对课文的感悟。

例如，在学习《红楼梦》《水浒传》等文章选段时，教师不需要枯燥地讲解，可以让学生用不同的角色演绎课文内容，包括旁白。学生为了获得更好的演绎效果，就会从生活中观察，并且对课文内容进行创作。如在《林黛玉进贾府》中，学生可以演绎出王熙凤的圆滑世故与个人威严，可以演绎出林黛玉的娇柔和弱不禁风，也可以演绎出贾宝玉的任性与单纯；在"鲁提辖拳打镇关西"片段中，学生可以演绎出鲁智深的疾恶如仇且不乏智慧，也可以演绎出镇关西欺软怕硬，为人狠毒。学生在创作和演绎时，会深刻思考角色的特点，并将其融入生活化情境中，同时从生活中获取资料，如观看影视剧或者观察身边人的表情、语言和动作，从而达到更好的学习效果。

（三）在接触与感悟中体验生活

要想知道梨子的滋味，就应该亲自尝一尝。同样，对课文教学内容的感悟与体验也是如此。教师要有意识地创设教育情境，把课文所描绘的客观情景和现象生动形象地展现在学生面前，让学生身临其境，再联系已有的生活经验去体验，去感悟。例如，学习苏轼的诗词时，虽然我们认为苏轼为豪放派，但是其情感是极度细腻的，当他思念自己过世的妻子时，写下了《江城子·乙卯正月二十日夜记梦》，一句"十年生死两茫茫"将人拉入悲伤的回忆中。高中生或许没有类似的情感经历，但是可以通过想象自己最亲的长辈或者朋友离开时的场景来构建体验。

在语文中，有太多的内容可以通过生活中类似的情境构建来加强体验。当我们吟诵"会当凌绝顶，一览众山小"的诗句时，如果有条件，不妨真实地爬一次泰山，站在泰山山顶真正感受那种独揽天下的霸气。即使到不了泰山，在附近的山顶或高层建筑上迎风而立，远近景色皆入眼中，同样会产生类似的情感体验。

语文是生活的基础、其他学科的基石，时刻体现在人们的生活中，与人们的生活息息相关。让语文教学回归生活，同样也要让生活回归语文教学，使学生在语文学习中学会观察生活，是语文教学的首要目标，生活才是学生需要用全部心血学习的大语文。由于学生的生活阅历较浅，引导学生学会观察生活是学生学好语文的关键，在语文教材和生活教材的结合中，开辟发展学生的思维能力和语言能力的广阔天地。

（四）在听说和读写中感悟生活

先说听。外语有听力课程，而语文没有设置听力课程，但听是语文最重要的课程之一。日常生活中，听的时间远远超过说的时间，这是因为，听意味着眼睛的交流、心灵的沟通，意味着能够对说者予以及时的反馈，意味着对人的尊重。我们拥有两只耳朵，却只有一张嘴巴，就是为了让我们能够多倾听这个世界的声音。听并不仅仅是听见声音，还要在心中对声音的意义进行辨析和梳理。遗憾的是，在语文教育中很少有人教我们如何认真倾听、有效沟通。高中语文教师应该把听的能力传授给学生，让学生受益终身。

后谈说。在现实生活中，语文教育中的说比写更重要。写当然也很重要，但人际交往更多的是使用口语。说话能力是一个人的关键能力之一。社会对一个人的评判在很大程度上是根据他的语言表达来进行，人的表现欲、自信心也在很大程度上取决于说话能力。有逻辑的或者抑扬顿挫的表达，往往可以取得很好的沟通效果。高中语文教育加强说的培养，就是希望能够提高高中生表达沟通的能力。

再说读。阅读是所有语文教育的基础，阅读量在很大程度上决定了一个人的眼界与知识面。读万卷书，是对一个人阅读的期待，也是一个人语文教育的梦想追求。一个人的精神发育史就是他的阅读史，一所没有阅读的学校永远不可能有真正的教育。阅读是语文教育最基础、最关键的内容，而阅读能力的培养也是教育的重要任务之一。在西方的各种考试评价中，阅读能力始终是考查的重心。我国高中生阅读量偏少是一个现实弊端，大语文教育改革就是要求学生更广泛地阅读。阅读不是为了考高分，而是为了培养真正的阅读兴趣与能力，而学校教育的本质是教会学生学习的能力。学习最重要的一条途径就是阅读。如果一个孩子在离开学校时还没有学会阅读，没有爱上阅读，那就是语文教育的失败。

最后说写。不少高中生害怕写文章，感觉下笔无言或者言之无物，这与语文教育没有找到好的方法有关。写作是一个熟能生巧的过程，现在的学生写作量太少，一两个星期甚至一个月才写一篇作文。没有写作的训练，想写出优秀的作文是不可能的。让学生在没有体验、没有感受、没有激情的情况下去写文章，当然很难写出精彩的东西。语文教育回归生活要求学生坚持写日记，用心记录自己的生活和思考，这不仅是真情实感的自然流露，也能使写作能力得到很大的提升。

（五）在思考与观察中热爱生活

高中语文教师应激励学生做生活的有心人。学生只有热爱生活，才会主动观察，积极思考，用心感受，动情表达。多姿多彩的生活点燃了学生的激情，学生的生活得到充实，情感得到熏陶。看电视时，他们不仅为精彩的情节怦然心动，更把生动形象的语言铭刻脑海；观球赛时，他们不仅为双方的胜负而揪心，更为运动的拼搏精神而感动；做游戏时，他们不仅为活动的过程而高兴，更为活动的创意而惊奇；帮助他人时，他们不仅为自己的善举而自豪，更为人生的滋味而思考。教师应该把生活这杯酒酿得更美，把生活炒得更热，让学生留心长智，观察生活。我有一次亲身经历：一次课间，我无意中发现很多蚂蚁在教室的墙角，便蹲下来目不转睛地静观，一群学生过来凑热闹，簇拥在周围说笑着。上课铃响了，我没有按原计划执教，而是让几名学生讲述刚才所看到和所想到的一切。他们有的绘声绘色地讲述了蚂蚁艰难搬运食物的过程，主要是进行细致的观察描述；有的将看到的现象与"三个和尚没水喝"进行比较，悟出了"团结就是力量"的道理；有的推想出蚂蚁具有"因公忘私"的品质，甚至谈起了蚂蚁的社会性组织模式；还有的从科普角度探索了蚂蚁的消息传递与生存模式。学生的日常生活中大事不多，小事不断，只有引导学生用眼睛"拍摄"，用大脑存储，用笔墨记下，平凡的生活才会在他们成长过程中留下痕迹。鲁迅先生把孩提时听到的美女蛇的故事引入《从百草园到三味书屋》，使文章平添神韵。我常用这个故事鼓励学生善于倾听，善于观察，勤于动笔，勤于积累。现在班上每个学生都有日记本、读书笔记本和闲言记录本，记录自己耳闻目睹的与自己感兴趣的人和事，记录课外读物的精彩片段、名言警句，记录民俗民风、俗语广告等，并且让这些记录本在班上流动。通过这样的形式把学生的点滴小事与语文学习挂起钩来，学生的语文素质在"润物细无声"的活动中逐渐提高。

　　教学实践证明，教师合理利用生活中的教育资源，对学生予以正确的引导，就能让学生在体验中学会求知，学会做人。其一，把学生带到美丽的大自然中，让学生更多地参加实践活动，如捐款献爱心活动、义务植树活动等。这样既拓宽了学生的视野，又丰富了学生的活动；既积累了语文学习材料，又得到了深刻的教育。其二，创设生活情境，把课堂搬到室外，让学生身临其境，有感而发。春天沐浴阳光，呼吸新鲜的空气，描绘春天的新绿；夏天登高望远，沐浴阳光的热情，体验夏天的多彩；秋天徜徉田野，聆听成熟的静谧，分享丰收的喜悦；冬天堆雪人，打雪仗，感受冬天的神奇。学生全身心投入，尽情享受，独具匠心的构思涌上心头，别具韵味的作品流出笔端。其三，引导学生细心观察生活，用心品味生活，在生活中健康成长。学生自己烧一桌饭菜，感悟"劳动最有滋味"的道理；栽下一棵树，体验绿的和谐；养护受伤的小鸟，体验爱的博大；洗干净自己的鞋袜，感受劳动的愉快；搀扶盲人的臂膀，感悟心与心的交融。

（六）在学习与训练中融入生活

有一名学生曾经这样抱怨：高中语文学习很累，很枯燥，语文课上尽是一些枯燥的字形、字音、文言文、古诗词等。因此，教师应在语文教学中渗透学生的生活，走语文教学生活化的道路，让语文教学回归生活，在生活中学习积累，并逐渐内化成学生的知识和能力，把"课堂学习的溪水"和"社会生活的海洋"沟通起来。

课前说话练习，把生活引进课堂。为了让课前五分钟说话更精彩，我让学生每天留心街头巷尾的人和事、景和物，关心家庭、父母单位的趣闻逸事，用心读时文，听广播，广泛涉猎中外名著，准点收看电视新闻……架设了生活与语文学习的桥梁，学生变得更加热爱生活，逐渐养成在生活中学语文、用语文的习惯。

课中引发联想，让生活走进课堂。如在教学"饱经风霜"一词时，学生理解颇有难度。我没有直接解释，而是让学生回忆生活中见过的能称得上"饱经风霜"的脸，有的说爷爷劳动了一辈子，脸上刻满了深深的皱纹；有的说擦皮鞋的老大娘脸很瘦，眼窝深陷；有的说拾破烂的老大爷脸色蜡黄、憔悴，头发蓬乱……在唤醒生活的智慧之后，学生自然悟出"饱经风霜"的含义。

课后大胆实践，让语文融入生活。比如，我曾策划"感恩节""作文做人"系列活动，让学生学会感恩，学会孝敬，更学会自己担负责任，使学生从活动中受到中华民族传统美德的熏陶，获得情感教育。假期，我布置作业写春联，做网页，写短信……这些集思想性、教育性、知识性、趣味性于一身的语文课后作业深受学生和家长的欢迎，同时让他们明白：学习与生活是统一的整体。

三、语文教育教学回归生活的实践探索

让高中语文教育教学回归生活，还得从语文教学的实践入手，从教学资源、教学内容、教学方式与教学评价等一系列教学实践工作着手。

（一）教学资源——拓展

语文课程标准明确指出：语文课程资源包括课堂教学资源和课外教学资源。语文教材是语文课程资源的一部分，课堂以外的学校、家庭、社会都蕴藏着丰富的语文教学资源，而不管是课堂教学资源还是课外教学资源，都与生活有着密切联系。尤其是课外教学资源，基本都来自现实生活。

语文教学内容从教的方面说，主要指教师为达到教学目标而在教学实践中呈现的各种材料。它既包括教师在教学中对现成教材内容的沿用，也包括教师对教材内容的生活化"重构"——处理、加工、改编乃至增删、更换。所以，语文教师在完成本学科所规定的教学任务的同时，还要联系现实生活，自觉地调整语文教学内容，突出教学重点。语文教学内容要突破"以课堂为中心""以课本为中心"的局限，拓展到学校、社会中去，把学生的学习和生活实际结合起来，使教学内容与学生的生活发生意义的

关联。要充分利用现实生活中的语文教育资源，优化语文学习环境，努力构建课内外联系、校内外沟通、学科间融合的语文教育体系。开展丰富多彩的语文实践活动，拓宽语文学习的内容、形式与渠道，使学生在广阔的空间里学语文、用语文，丰富知识，提高能力。只有这样，才能构建开放性、活动性、现实性的教学内容，突出语文教学特色，以培养适应社会需要的合格人才，达到教育教学的目的。

（二）教学内容——优化

在新课程理念下，教材已由原来唯一的语文课程资源变成教学的重要资源之一，教材活动由教教材、学教材变成用教材教和学。教材是学生语文学习的重要部分，而非语文学习的全部。我们的语文教学未必逐段讲解，也未必面面俱到，而是需根据学生的实际大胆取舍，开发更多新的语文课程资源优化教学内容。

海伦·凯勒说："一本书像一艘船，带领我们从狭隘的地方，驶向生活的无限广阔的海洋。"课外阅读可以开阔学生的视野，丰富他们的精神生活，增强他们的思维能力，陶冶他们的情操。生活化的高中语文教学应该把课外阅读看作课内教学的继续与补充，是课内教学向广阔生活的扩展与延伸。网络把全人类的智慧与知识汇集交织在一起，形成了一条覆盖全球、四通八达的信息高速公路以及一个巨大的"知识库"。生活化的高中语文教学应该正确地利用其资源，让网络源源不断地给课堂生活注入"时代的活水"，最大限度地拓展语文学习内容，突破教材的局限，弥补教材的缺陷，从而构建更加开放的语文教学体系。每一个地方都有其独特的自然景观、人文环境和社会环境，这些资源经过整合，完全可以纳入语文教学内容，成为语文课程的组成部分。生活化的高中语文教学应该充分利用地方课程资源，使语文教学内容更加贴近学生的实际，使语文更加生活化。

（三）教学方式——开放

高中课堂生活是学生一生中重要的生命历程之一，它对高中生的发展方向和生命意义的建构都具有不可磨灭的影响。随着教育在人生中地位和作用的增强，课堂生活对人的终身发展更是具有不可或缺的奠基作用。生活化的高中语文教学关注的是学生的课堂生活质量，它拒绝封闭的课堂生活方式，提倡创新和充满生命活力的开放的教学方式。皮亚杰的知识建构理论指出："学生是在自己的生活经验基础上，在主动的活动中建构自己的知识的。"也就是说，学生走进教室时并不是一无所知，而是在日常生活、学习和交往活动中逐步形成了自己对各种现象的理解和看法，而且具有利用现有知识经验进行推理的智力潜能。生活化的高中语文教学应注重唤醒学生已有的生活经验，引导学生用自己的生活体验、情感倾向和语用经验去解读他人的生活体验、情感倾向和语用经验。应从关注学生的主体性角度出发，着眼于学生的发展，以开放为核心，拓展语文教学时空，突出语文与现实生活的联系，主张学生对所学知识的自主探究、自我理解、自我建构，尊重学生的个人感受与独特见解，注重学生的个性和能力，鼓励创新与实践，培养学生独立学习、终身学习的能力，进而提高语文素养、健全个性品格。

语文素材来源于我们丰富多彩的生活，我们应该让语文教学回归生活，脱离生活的语文教学是苍白无力的，没有实际的意义和价值。教师要让学生在学习语文的同时懂得如何去生活，如何才能让自己的生活变得更有趣味，如何才能培养正确的人生观和价值观，立足于社会，体现自我价值。如果有些学生在思想修养方面存在问题，教师就要在教学过程中结合生活实际加以引导，特别是语文教学。

（四）教学评价——多元

语文教学评价的目的不仅仅是考查学生实现课程目标的程度，更重要的是检验和改进学生的语文学习与教师的教学，改善课程设计，完善教学过程，从而有效地促进学生的发展。教学评价不应过分强调评价的甄别和选拔功能。要使语文课程改革取得突破性发展，就必须打破评价形式单一化、评价内容狭窄化、评价方法简单化、评价结果功能化的评价模式。生活化的高中语文教学，在评价的主体上要从以往的教师单一主体走向多元主体。

"多元主体"既包括教师的评价和学生的自我评价，也包括学生之间的相互评价，甚至鼓励家长参与评价，使评价成为学生、教师、家长共同参与的交互活动，从不同的角度为学生提供有关自己学习、发展方面的情况，使学生能够全面认识自我，使评价过程成为促进学生发展的过程。在评价的内容上，不仅包括知识与能力、过程与方法，还包括学习过程中表现出来的情感、态度、价值观、学习策略、文化意识及潜能等方面。在评价的方法上，采取多种评价方式并存，既重视终结性评价，更关注形成性评价；既有测试型评价，又有非测试型评价。测试型评价不仅包括笔试，还包括听力测试、口试。只有通过全面性的评价，才能促进教师教学方式和学生学习方式的根本转变。

让语文教育教学回归生活，丰富了高中语文教学内容，给高中生提供了一个空间和一个自我展示的平台，让他们"走向生活，广交朋友"，打开属于自己的那片蓝天，大胆地去体验生活，感悟生活，让他们的生活更加丰富多彩。不要怕学生做不好，有时不是学生做不好，而是我们为他们做得太多，进而束缚了他们的手脚。给学生一个自由发挥的空间，学生才能在语文学习中善于创新、善于超越。

第二章

阅读生活与生活阅读

　　随着21世纪高科技时代的来临，阅读更加重要。在强调知识经济与终身学习的今天，阅读能力成为人类获取资讯、适应生活最重要的能力，是成功学习与生活的关键要素。在这分秒变化的世界里，不想落伍，不想被淘汰，国家文化与国民素质的提升，阅读动机的激发，阅读习惯的养成，阅读能力的培养，都是关键。新课程实施以后，语文领域的阅读取代读书更具有重要意义。它提醒我们除了课本，还要重视课外阅读的延伸；除了教材，还要注意生活中的运用。

第一节　引导学生阅读生活

在全国推进语文大阅读的热潮中，阅读能力显得尤为重要。良好的阅读能力是今后学习与生活成功的关键。新一轮的课程改革如春风一样，为我们的语文阅读教学注入了生机和活力，它所倡导的"大语文"教育观对传统"一间屋子转"的封闭状态的语文教学形式产生猛烈冲击，新课标要求语文教学"直接接触语文材料，关心当代文化生活"，作为一种新的教育理念，生活化阅读教学成为教育领域关注的焦点，体现出强大的生命力。

一、生活化的阅读教学引导

语文来源于生活，应用于生活。阅读活动与生活联系紧密，阅读材料是生活的展示和浓缩，生活是阅读的天地和资源，阅读是生活的外延。语文教学不是为了使每个学生都成为作家、演讲家，而是培养能适应社会发展、能与他人交流的人。陶行知先生说过，"生活即教育""社会即教育""教学做合一"。

（一）生活化阅读教学实践

高中语文阅读教学应紧密联系学生的生活实际，高中语文阅读应该是生活化阅读。所以，教师在具体的教学实践中应时时紧扣以下三点。

一是着眼于生活化阅读，引导学生发现课文字里行间蕴藏的情感内涵，进而解读作者、聆听自然、叩问人生、感悟生活、探索社会。

二是创设一种生活化的语文学习环境，建立书香班级，为学生打好精神的底子，并辅导学生写好"生活笔记"，使其成为学生观察生活、记录生活、抒发真情、自我教育的途径。

三是发挥语文改善生活的功能，探索语文综合实践活动的途径和合理控制的原则，让生活化阅读引导学生拥抱生活、思考生活，使他们形成正确的思想方法，以正确的态度对待生活。

（二）生活化阅读方法

生活化阅读方法可以从三个方面着手。

1. 以课内阅读为基点，做到文本阅读生活化，从而贴近生活，感悟生活

正如语文教育学家魏志成所说："生活是文章的唯一源泉。"[①]文本是作者与读者沟通的桥梁，真正做到正确解读、深入研读文本，是读者把握作者情感与理念的最终目标。那么，我们究竟该从何处着手，让学生将自己当作文本中的"我"，走进文本，与文本对话，从而获得人生感悟和生命体验呢？教师在文本解读时也可以从三个方面入手。

① 李颜君，常永波. 生活是作文教学的源泉［J］. 课程教育研究（外语学法教法研究），2018（18）：211-212.

（1）走进文本，创设生活情境

创设生活情境即把教材中所写的生活与学生的实际生活沟通起来，打开学生的生活库藏，强化其生活体验，并充分调动其已有的生活体验，激发兴趣，走进文本。例如，学习《假如给我三天光明》时，可以让学生蒙上眼睛从自己所坐的位置走到讲台，然后循着原路走回自己的位置，路程虽短，但足以让学生体验到失去光明的艰辛和对光明的强烈向往；学习史铁生的《我与地坛》时，可以播放感动中国人物刘伟，看着空着袖管独自站在舞台上的刘伟，就如同看到坐着轮椅孤单地待在地坛的史铁生，看到用脚弹奏钢琴震撼全场的刘伟，就如同看到用笔谱写灿烂人生的史铁生。在强烈的生活写真，强烈的情感体验与视觉冲击下，学生不再局限于对史铁生的悲剧命运给予同情，而是能深深体会到史铁生丰富的精神世界与精彩的人生故事。

（2）品读想象，联系生活情境

"一字未宜忽，语语悟其神。"一篇好的文章，其情感往往蕴含在那些含义深刻的语句中，一字一词虽只是细节，但可以折射出作者的情感和智慧。而这情感必须能让学生产生共鸣，学生才能真正融入文本。所以，教师在教学过程中可以采用"我喜欢哪一个句子（词语），如……因为它写出了……它让我想到我的叙述模式是……"，让学生通过品读句子和词语，想象情境，揣摩作者的情感，并且联想自己的生活体验，与作者产生共鸣，从而加深情感体验。

（3）批注描述，体悟生活情境

简单地说，就是阅读时在文中感悟处、矛盾处、留白处、质疑处、创新处进行注解和批注。自古以来，我国的文学鉴赏和文学批评都采用这种方式。在阅读过程中圈圈点点、笔墨追录地进行批注评点，能更好地理解文章的内容。学生在与文本对话的过程中，随着阅读的不断深入，会对文本的某些字、词、句、段产生共鸣，或欣赏遣词造句，或惊叹于优美文笔，或震撼于巧妙构思，或沉迷于精彩片段。同时，我们要鼓励学生批判性地批注，允许学生大胆质疑教材，批出疑问，批出新意，批出他人未曾有的感悟和新异的结论，从而更深刻地体悟生活情境。

2. 以延伸阅读为覆盖面，做到阅读材料生活化，从而接受文化熏陶，反思自我

　　课外阅读是提高语文素养的有效途径。它是开放的，能使学生的思维向课外延伸，能力和视野向课外发展，拓展学生理解和运用文学语言的实践领域。因此，课外阅读是一种有效的教学补充，其好处是不言而喻的。为了充分发挥课外阅读的有效性，教师可以从三个方面指导阅读。

　　（1）经典阅读

　　"名著是一面镜子。"经典阅读永远有着不可替代的魅力，它以古典式的宁静成为历代读书人的文化故乡和精神家园。历代经典著作成为高中课文中一颗颗璀璨的明珠，照耀着学生阅读前行的路。然而，学生课内的阅读量毕竟有限，需要在课外做大量的补充阅读，这样才能有效提高学生的语文素养。但是有些名著离学生的生活较远，学生难以理解，所以教师可以指导学生选取一些生活化的名著，立足于课本，选取经典文章如《战争与和平》《骆驼祥子》《我的信念》等，或者从子集阅读到全集阅读，让学生与伟人对话，与历史对话。例如，学习必修二"和平的祈祷"专题时，可以引入列夫·托尔斯泰的《战争与和平》，通过那一段血与火的历史来反思战争、祈祷和平。学过《绝唱》可以推荐《老残游记》，读了《在烈日暴雨下》可以引入《骆驼祥子》等，根据学生的实际水平，让他们接触各种名著，从思想之源中汲取营养，从而更加关注自然、关注科学、关注人类的命运。

（2）时尚阅读

"时尚阅读"是在语文新课程标准所倡导的"现实阅读观"的基础上建构起来的一种新概念阅读，这类作品往往特别关注时尚、现实，关注鲜活的富有生活意味的东西，它变脱俗的美为入世的美，它兼顾思想之美与艺术之美，它是"时文经典"。教师可以定期开设美文欣赏课，推荐阅读如《时文素材》《特别关注》等时文杂志，以及一些当代作家的作品，如余秋雨的《文化苦旅》、周国平的《守望的距离》等，也可以利用课前三分钟，每天让一名学生朗读一篇时代美文与全班同学分享。在激荡着感性美、闪耀着理性美的"时尚阅读"中，学生不仅提高了文化品位，还充分融入了"时尚"，触摸了生活。

（3）科技阅读

科技阅读是学习知识、检索信息、加工信息的过程。在信息化和科技化的社会发展背景下，科技阅读必不可少，它的内容可以上到天文现象，下到地理奇趣，教师可以根据专题学习情况适当推荐学生阅读《百兽物语》《20世纪科学发现纵横谈》等，并适当组织学生参加一些科技活动，让阅读教学与当代科技、社会发展联系在一起。

3. 以综合实践活动为辅助，做到"三"旅延伸，从而反思生活，磨砺人生

（1）拓展之旅

课内文本学习时不仅要拓展课外生活素材，而且要让学生阅读文本留白处、朦胧处，并且写出自己的生命体验。可以课外带领学生参加一些学校或文化公司组织的拓展活动，如攀爬、过桥、平衡木等，这些活动既需要体力、智力，又需要团结的力量，它们就是一个个微型的生活场景，只有经历过、体验过，才会有感而发，感悟人生，感悟生活。

（2）自然之旅

定期带领学生观赏一些景点与名胜，假期的旅游、节日的游园、春季的远足、夏季的避暑、秋日的登高、冬日的赏雪，这些活动往往会触发灵感，是让学生走进自然、体验生活的重要途径，也是写作的重要资源。生活处处皆学问，自然之旅提高了学生对生活的敏感度，能让学生落笔生花。

（3）社会之旅

社会实践活动是学生成才的必由之路，是进行思想教育的良好途径，可以提高学生的综合能力，加快他们的"社会化"速度，提高他们符合社会需要的综合能力，提高分析、处理疑难问题的能力和社会交往的能力，培养脚踏实地、勤劳苦干的作风，增强战胜困难和挫折的信心，等等。而这些综合素质是不易从书本上学到的，只能通过社会实践来获取。正如18世纪德国作家歌德所说："相信生活，它给人的教益比任何一本书籍都好。"我们也有理由相信正是生活化阅读打破了文本与生活之间的厚障壁，让学生不拘泥于课堂阅读的狭小空间，变封闭的课堂教学为开放的阅读体验；让学生以生活为课堂，与生活亲密接触和对话；让学生在生活化阅读中学会生活、磨砺人生、完善人格。同样，也正是这源源不断的生活之河流让语文阅读意趣盎然，充满生机。

二、生活化的语文阅读拓展

语文是一门生活性学科。新课程标准明确指出：应该走"大语文"之路。所谓"大语文"就是学生的语文学习要从课内扩展到课外，从书本延伸到书外，从学校拓展到社会，即"语文生活化""生活语文化"。

（一）给课堂阅读教学一个生活背景

即使再怎么高喊语文与生活结合的口号，教学的主战场依然在课堂，这是无法改变的事实，所以一切都要从课堂着手。陶行知先生说过："生活与教育是一个东西，不是两个东西。"语文教学需要组建一条"课堂—校园—家庭—社会—课堂"的语文教育圈，让学生在学习语文的过程中了解生活知识，同时在生活过程中学习和利用语文知识，这样就会极大地拓宽学生的知识面，并激发他们的学习兴趣，使他们获得更加全面的发展。语文学习的外延和生活的外延相等，语文本就来源于生活，而不能因为单纯地高于生活就脱离生活。在这里，生活的范围极为广泛：学校生活、社会生活、家庭生活……

《普通高中语文课程标准（2017年版）》指出：沟通课堂内外，充分利用学校、家庭和社区等教学资源……现在语文教学强调关注传统文化。那么，我们可以这样设想一下：在关于传统民俗知识的课堂教学中，要抛弃过去的"填鸭式"教学，不是简单地告诉学生有什么样的民俗，而是鼓励学生结合自己生活中的所见所闻，分享自己所了解的民俗，并在此基础上加以引导。让学生把自己置身于生活环境中去寻找知识，学生对这些民俗知识的理解就会更为深刻。例如，语文教学一直以来有一个重点内容——古文教学。在古文教学中，有让学生难以理解、叫苦不迭的词汇，简单的灌输、背诵的方式，也许短期内会有一些成效，但长此以往，不但不会达到预期的效果，还可能引起学生的厌学情绪。古文其实也来源于生活，但时代的隔阂给学生的理解造成了阻碍。教师如果能将文本与生活连接起来，寻找其与当下生活有联系的地方，给学生以足够的代入感，就会在一定程度上降低学生理解文本的难度。例如，千奇百怪的古地名，直接照着对应关系背诵，效果极差，如果可以结合历史故事和现在保留下来的地名中有联系的地方，或者借助去过这些古城的学生的帮助，来深入剖析其文化内涵，做系统的介绍，使学生理解这些地名的由来，效果一定比单纯背诵或简单介绍更好。

（二）推动语文阅读"生活化"发展

1. 阅读感悟"生活化"，化难为易

如阅读环保主题文章前，我先布置学生做三件事：一是观察家乡环保现状；二是了解家乡多年前的环境情况；三是调查全国在环境保护中的种种问题。学生亲身感受了环境保护中的一个个突出问题，他们来到小河边，看到发黑的河面上漂浮着垃圾；他们走到乡间小路上，被养殖场的冲天臭气熏得直呕……这些都给学生带来深深的震撼，让他们有了深切的感受。在理解课文内容时，不用我多讲，他们就从心底发出与作者一样的心声："我们要精心保护地球，保护地球的生态环境！"

2. 技能训练"生活化"，学以致用

这里的训练既指语文知识的巩固，也指听说读写能力的提高。技能训练"生活化"，要求教师着眼于学生的学以致用，而非学以致考，所用的训练教材应尽可能来自生活，即使是教材上的知识，也尽量挖掘其与学生生活的联系。这样，学生在接受训练时，便会感到掌握知识、培养能力不只是为了应付考试，也是为了更好地生活。例如：学生口头表达能力差，我就从他们的日常交流用语入手；学生书面表达不流畅，我就从他们的日记、作文中找例子；学生修辞方法不会用，我就联系他们熟悉的各类广告；等等。

3. 课余生活"语文化"，张扬个性

丰富多彩的课余生活其实就是源源不断的语文课程资源，语文教师应充分利用，将语文课堂教学延伸到课外，让丰富多彩的语文课与生活成为学生展示特长、张扬个性的空间。如：举办故事会、朗诵会、演讲比赛，为学生搭建运用语言表情达意的舞台；举行手抄报评比、读书汇报活动，为学生的主动阅读、主动积累构筑展示的空间；搞社会调查写报告，参观游览写随笔，为学生创造一展文采的机会……让语文充实学生的课余生活，让学生处处学语文，用语文，而且是在乐中学，在乐中用。

4. 日常生活"语文化"，拓展延伸

日常生活处处是语文的用武之地。从打电话到会客人，从听广播到看电视，从同学争辩到家庭讨论，从糖酒广告到家用电器说明书，从写信到写贺年卡，无一不是语文听说读写能力的运用。这也恰好为学生提供了生活化、社会化的"语文试题"，如果引导得法，学生就会把语文学习自然而然地由课堂扩展到生活天地，任何一个生活主题都能够成为阅读的引导。

生活化语文教学强调整体、系统地回归生活本源。它实实在在地坚守着语文教学的规律和本务，引导学生深入课文生活、作者生活，充分调动学生的生活积累和生命体验，并联系生活情理对课文的成文缘由进行深度探究，确保教师生活、学生生活、作者生活、课文生活、生活情理等因素的高度对接和融合，促进课堂教读任务的高效完成。在这个体系中，师生是平等合作的，课内学习与课外生活始终是密切相融、相互促进的；教师始终是学生学习的引导者、组织者、合作者和督促者，始终在为学生深入体验、感受、思考、思辨、感悟等设计教学，学生也始终在教师的引导下积极主动地体验、感受、思考、思辨和感悟；课堂的形态是灵动的、本真的、自然的、深入的，教学内容是守本的，目标是简明、实在的，师生合作是平等、真诚、到位、有趣的；"教学"和"学习"，"教文"和"立人"是高度融合统一的，既非架空"语文"的泛人文教育，亦非死盯死教、死学死练。

三、生活化的传统文化品阅

传统文化在生活中广泛流传，在品阅传统文化的时候，可以通过生活化方式对其进行感悟与解读。中华文明源远流长，而记录文明的工具就是熠熠生辉的语言文字。建构语言与运用语言是进行语文教育的基础和重要内容。国学教育首先要做的就是让学生积累语言并学会运用语言，让学生在丰富的语言实践中，通过主动的积累、梳理和整合，逐步掌握祖国语言文字的特点及运用规律，形成个体的语言经验，在具体的语言情境中正确有效地运用祖国语言文字进行交流沟通。美学家朱光潜先生针对诗歌诵读有过这样的论述："读诗就是再作诗，一首诗的生命不是作者一个人所能维持住的，也要读者帮忙才行。读者的想象和情感是生生不息的，一首诗的生命也是生生不息的，它并非一成不变的。一切艺术作品都是如此，没有创造就不能有欣赏。"可见，诵读对古诗词鉴赏和古诗词创作的影响非常大，诵读使古诗词有了生命，给课堂教学带来了春天。教师首先要掌握一些诵读的基本知识和技巧，才能引导学生正确诵读。

（一）把握思想内容且确定情感基调

诵读古诗词，首先要把握其思想内容，根据思想内容，确定情感基调。如唐代诗人杜甫的《哀江头》开篇句："少陵野老吞声哭，春日潜行曲江曲。"写安史叛军占领长安，诗人彷徨不安，读时要悲伤低沉，尤其"吞声"和"潜行"，要读出悲愤压抑之情。又如苏轼的《江城子·乙卯正月二十日夜记梦》，内容是悼念亡妻王弗，其情感基调定在一个"悲"字，一句"千里孤坟，无处话凄凉"，道尽词人心中的悲痛酸楚，所以诵读时要读出极度伤痛之感。

（二）根据语音语义且读出停顿连接

古诗词中词语间的停顿一般根据音节、意义来断定，通常是"两个音节一停或三个音节一停"，不能分开意义联系紧密的词语。如朱庆馀的《近试上张籍水部》：

洞房／昨夜／停／红烛，待晓／堂前／拜／舅姑。

妆罢／低声／问／夫婿，画眉／深浅／入时无。

诵读应大体上按意义停顿，"停""拜""问"字读时应拖长，以显出音节的停顿。"入时无"因为意义联系紧密而不能分开。

（三）按照情感需要且读出快慢急缓

诗歌诵读的语速有一定的规律可循。"如果表现的内容是欢快的、激动的或紧张的，速度要快一些；表现的内容是悲痛的、低沉的或抒情的，速度要慢一些；表现的内容是平铺直叙的，速度采取中等为宜。"如杜甫的《登岳阳楼》：

昔闻／洞庭水，今上／岳阳楼。吴楚／东南坼，乾坤／日夜浮。

亲朋／无一字，老病／有孤舟。戎马／关山北，凭轩／涕泗流。

因为此诗表现的是天涯游子的悲凉孤寂和国难家仇之痛，所以诵读速度较慢，声音低沉悲切。

（四）理解古诗词意境且读出轻重长短

诵读古诗词时，声音有轻有重，有高有低，有长有短，才能将古诗词的节奏、情感读出来，才能将古诗词的韵味表现出来。字词句的轻重及音长音短，要根据诗歌内容和意境来判断。如陆游的《诉衷情·当年万里觅封侯》：

当年万里觅封侯，匹马戍梁州。关河梦断何处，尘暗旧貂裘。

胡未灭，鬓先秋，泪空流。此生谁料，心在天山，身老沧州。

这首词的上阕比较平缓，但平缓之中依然有强调部分，如"觅""戍""梦断""暗"四个动词可读重一点。下阕节奏加快，短促有力，凸显壮志未酬的悲怆。

（五）调节喜怒哀乐且摇身化作诗人

作为教师，上课时要调节好自己的心情，不要把自己生活中的喜怒哀乐带进课堂。每站在讲台上诵读一首诗词，教师都应先理解透诗词的内容及表达的思想感情，让自己融入诗词的意境中，融进诗人的情感中，喜诗人所喜，哀诗人所哀，想象自己就是诗人，用诗人的动作、表情和声调朗诵诗人自己的作品，达到诗人和诵读者合一，古今情感合一。于是，诗词也就有了生命。

例如，在诵读杜甫《茅屋为秋风所破歌》时，诵读者可想象自己回到唐代，是穷困潦倒、弱不禁风的老诗人杜甫，看到顽童"公然抱茅入竹去"，自己"唇焦口燥呼不得，归来倚杖自叹息"的情景。诵读者可以皱起眉头，弯着腰，用苍老而颤抖的声音诵读。

古诗词诵读要注意情感和节奏，而决定情感和节奏的关键因素是对生活中类似情感的感悟与体验。分析诗歌的内容和诗人的思想，想象自己是诗人，都是为了更好地表达情感。分析诗歌词句的停顿连接、语速的快慢急缓、声音的轻重长短等是为了使诵读更有节奏，更有起伏，有了节奏和起伏，情感就读出来了。总之，一切都是为了表达情感。

第二节　培养学生阅读习惯

阅读是人类获取知识、提升素养的重要途径，语文阅读教学的重要内容之一就是培养良好的阅读习惯。当代著名教育家叶圣陶对阅读习惯提出了许多精辟的见解："国文教学的目标，在养成阅读书籍的习惯。"[①]因此，对高中学生阅读习惯的调查分析与培养是十分必要的。良好的阅读习惯能培养阅读能力，提高阅读水平，让人终身受益。

一、高中语文课堂阅读水平提升

在高中语文教学中，课堂阅读能力的提升至关重要。在生活语文理念下，可以采用主题阅读方式，即将教材单元主题作为主线，将语文课题研究过程中所提炼的主题和语文教材中的主题有机结合，形成课内外结合的阅读主题群，并根据不同主题群以及不同年龄阶段学生的个体特征，对语

[①] 肖文轩.高中学生语文阅读习惯的调查分析及培养策略［D］.长沙：湖南师范大学，
2007.

文主题阅读构建不同的模式，使学生能够学到不同的主题阅读方法，并且通过教师的引导，开展拓展性阅读的一种教学方式。

（一）基于教材展开课堂主题阅读

在主题阅读教学中，教师对文本、主题进行提炼，所提炼出来的主题可以是一句话或一些词，但不管呈现方式是哪种，都必须与学生的现实生活和精神世界紧密相连。所以在确立文章主题时，教师要对学生的阅读感受进行充分的考虑，要尊重学生的表达权和选择权，使学生通过阅读，掌握文章的关键词、句，品出文章的内涵，进行快乐阅读。学生在与教师、同伴、文本进行多方对话的过程中，确立每篇文章的主题，归类整合相似或相同的主题，进而形成具有相同主题的多篇文章，以便于多次阅读。

（二）结合自身生活经验展开个性化理解阅读

语文与生活有着密切的联系，因此学生可以通过生活情境，基于自身经验来阅读。例如，在对《瓦尔登湖》这篇课文进行讲授时，为了使学生积极参与主题阅读，对文章的内涵进行深入理解，能够个性化理解文章主题，教师应该让学生在课前阅读课文，并收集与课文相关的一些资料，如作者亨利·梭罗的人生简介及其余作品等，通过课文和阅读资料来获得阅读感，将自己所理解的主题进行提炼，并在课堂上进行汇报。教师面对学生对文章主题的不同理解应给予鼓励和引导，再让学生结合切身经历，进一步个性化地理解文章主题。

（三）创设与主题相关的生活情境激活阅读兴趣

1. 导入主题，降低学生理解主题内涵的难度

针对一些学生很难理解的文章，在开展主题阅读课程之前，教师可以通过导入主题的方式，设计出较为新颖、能激发阅读兴趣的主题导入语，创设与主题相关的画面情境和语言情境，使学生能够积极地进行主题阅读，从而降低理解主题内涵的难度。例如，在讲授莫泊桑的《项链》这篇文章时，学生对文章并不是很熟悉，虽然之前接触过类似的文章，但在学习过程中缺乏深度，教师在进行教学时就比较困难。这就需要教师在进行主题阅读教学时，巧妙地运用导入语，引导学生对文章主题进行初步了解，激发学生的阅读兴趣。

2. 创设问题情境，让学生深入理解主题

在进行主题阅读教学时，教师要有意识、有目的地创设各种问题情境，使学生自主探索求解、质疑问难，激发学生的阅读兴趣，让学生在解决疑问、合作探究的过程中，能够针对文本的内容，获得自己独特的见解，深入理解文章主题，进而提升自身的阅读鉴赏能力。

（四）引导学生掌握学习主题阅读的方法，培养学生独立阅读的能力

1. 将略读和精读有机结合，举一反三多篇阅读

略读指的是只求寻得更多阅读内容的一种阅读方法，要求读者能够把握文章大意，阅读的速度要加快。精读指的是为了充分地理解所阅读的文章而进行的仔细阅读，要求读者在阅读的过程中做到仔细认真，对所阅读的形式和内容进行充分的理解。高中语文主题阅读教学强调以主题为中心，在阅读中要一篇带多篇，不能使用单一的阅读方法，要将略读和精读有机结合，对一篇主题文章进行精读，对一篇带多篇的文章进行略读，这样就能达到举一反三的效果，使学生的阅读量得到扩大，阅读能力得到提升。

2. 对相似主题文章进行比较阅读，使阅读思路得到拓展

在对文章主题内涵进行理解和感悟时，不能只对一篇文章进行依赖性的阅读，应当以主题为中心，查阅与此相关的、大量的阅读资料，并对类似主题的文章进行比较阅读，进而使自己的阅读思路得到拓展，思辨能力得以锻炼。学生在进行比较阅读时有两种方法：第一种是比较阅读多篇文章；第二种是对选文和原著做比较阅读。

（五）将学生的主题阅读活动从课内延伸到课外生活

1. 以课文主题为中心，推荐学生感兴趣的课外读物

依据学生的阅读兴趣，教师可以课内文章主题为中心，推荐学生感兴趣的课外读物，如科普类、卡通漫画、中外文学名著等，拓展他们的阅读视野，丰富他们的课外生活。例如，学生在课内对鲁迅的《祝福》进行阅读之后，了解到祥林嫂的遭遇是由封建礼教所造成的，并且理解这篇文章的主题是抨击封建社会，继而可推荐鲁迅的《呐喊》《彷徨》，使学生对封建社会的黑暗有进一步的理解。

2. 对主题阅读要进行定期的展示活动，使学生能够感受到更多的阅读成就

教师应开展多种形式的主题阅读活动，同学之间可以将所感受到的阅读主题进行分享，对书中的人物进行品评，对故事情节进行讲解。开展的形式可以是绘画、撰写、戏剧表演、口头朗读等。例如，学生通过对曹禺《雷雨》中第一幕第二场的学习，可以对《哈姆雷特》全书进行阅读，并对其他场幕进行表演，自己布置戏剧场景，设计台词，选择喜欢的角色，在主题阅读课堂上进行汇报展示，从而达到最好的教学效果。

（六）培养学生良好的学习习惯，营造欢快的课堂氛围

高中语文主题阅读的教学强调生活性与实践性，注重学生合作探究及实践能力的发展。教师想要让学生在学习语文的过程中感到很轻松，能够在课堂中自主有序地学习，就要有比较新颖和独特的教学方法。所以，在学生刚进入学习状态的时候，就应当培养其自主学习的习惯，让他们在学习中学会主动参与，对他们的学习热情、积极主动参与性以及合作探究的精神及时给予鼓励。对于那些性格比较内向、课堂中不太爱发言的学生要进行引导。同时在高中语文主题阅读教学过程中，要让学生学到自主学习、合作探究的有效方法，不能盲目鼓励学生合作，要让他们实现真正的合作。因此，教师必须选择更好的合作学习内容以达到更好的合作效果。此外，教师还必须做到深入学生，了解他们的学习情况，及时指导，对他们的合作过程进行全面掌控，有效提高合作质量。

（七）高中课堂阅读的实践——以小说阅读为例

1. 高中小说阅读教学的意义

小说是生活的记录。高中语文教材收录的小说都是经过时间洗礼的经典著作，具有丰富的内涵，是所处时代社会的真实写照，能够帮助高中生树立正确的人生观、价值观和世界观。

小说的真正意义在于其与生活紧密结合。小说能体现所处时代的社会状态，展现社会生活的千姿百态。阅读小说可丰富学生的阅历和经验。如在《林黛玉进贾府》一课中，荣国府的三间兽头大门、门两边蹲着的两个大石狮子、华冠丽服的侍役，无不体现了当时贵族的显赫和威严。在拜访贾母时，文中写道："正面五间上房，皆雕梁画栋，两边穿山游廊厢房，挂着各色鹦鹉、画眉等鸟雀，期间仆役、婆子、丫鬟轮番更换。"这些描写都能让高中生感受到荣国府强大的背景和实力，丰富学生的历史知识和阅历。此外，学生还能够从文中了解封建社会的礼仪制度、阶级制度，深切感受到当时贵族的生活环境和百姓的生存状态。由此可见，小说能够拓宽学生的视野，使学生认识不同的人、了解不同的生命状态、体会不同的人生、感受不同时代的文化氛围。

小说中经常出现各种伏笔以及引人遐想的结局。教师在教学时要合理引导学生，让学生站在作者的角度，根据前后情节来进行再创作，或补充，或修改。这样不仅有助于学生文笔的进步，还能够激发学生的创作力和想象力。如《祝福》中，对鲁四老爷的描写并不多，学生只能通过一些侧面描写和环境刻画分析鲁四老爷的性格与形象。文中除了对鲁四老爷书房的描写，还有两次语言描写，即在祥林嫂被婆婆抓走和卫老婆子道歉时所说的"可恶""然而"。根据上下文可知，作者描写鲁四老爷书房中的摆设和对联是为了展现他有文化的假象，而两个"然而"表现了鲁四老爷心思缜密，是一个懂得自我包装的人。教师可以引导学生对两个"然而"进行思考和补充，充分理解背后的意蕴。教师的有效引导不仅能激发学生阅读的兴趣，还能提高其思考和创造的主动性。

高中生能从小说中获得启发，领会许多人生感悟，这对其语文综合能力的提高有着十分重要的作用。在《祝福》一课中，祥林嫂的人物形象是随着情节的不断发展而变化的，作者通过简单的眼神和脸色描写，表现了祥林嫂内心的痛苦和挣扎。从顺着眼到眼角带些泪痕再到直着眼，脸色由青黄到红再到黄中带黑，这些细节描写能够让学生体会到祥林嫂的精神不断受到摧残和打击，体现了当时社会普通百姓生活的不易，展现了一个麻木、黑暗的时代。学生通过阅读，不仅能够学习描写人物的方法和技巧，还能够感悟人物的内心活动、精神状态以及社会形势，了解作者的写作目的。阅读小说能够培养学生认真观察、不断思考、仔细分析的能力，还可以通过课堂讨论提高学生的口语和文字表达能力。

2. 高中语文教学中小说生活化阅读建议

少数教师认为小说在高中语文中的地位等同于古诗文，多数教师认为不需要过分关注高中语文中的现代文阅读，相对轻视小说在教学中的比例及意义。其实小说和古诗文一样，都是传达人类真挚感情、表现生活的文化载体。在教学中，教师应该改变传统的以古诗文为主的高中语文教学模式，正确认识小说阅读在社会、教育教学体系中的重要意义，了解学生的阅读需求。教师对小说阅读普遍不重视，对小说阅读教学的准备也不充分，无法全面理解整篇小说的背景、环境，只是通过简单的讲义和资料进行授课，这样的教学无法满足目前高中学生对小说阅读的需求。此外，教师对小说阅读教学的准备不充分，致使其无法按照自身的理解，针对教材中的节选部分设计教学内容和目标，只能根据教学参考书和考试内容确定小说阅读教学的目标。

根据新课标，小说阅读的主要目的是培养高中生欣赏语言的水平和情操，养成正确的人生观、价值观和世界观，考试不是小说阅读教学的主要目的。因此，教师需要正确理解高中语文小说阅读教学的意义和目的，认真全面地进行备课，以提高学生整体语言素质为根本目标，而不是单纯地提高成绩。在小说阅读教学课堂中，大部分教师仍以传统的灌输法为主要教学模式，只有少数教师让学生自主学习。而且，只有少部分教师要求学生仔细阅读小说，更多教师认为没有时间让学生精读。小说和诗词歌赋一样，字里行间凝聚着作者对生活的感悟，因此必须精读细读，才能够深刻体会作者想要表达的情感，这也是培养高中生小说鉴赏能力的重要途径之一。在没有精读细读的情况下，学生无法理解小说的语言、描写方式、深层意义等。因此，教师必须严格要求学生精读细读，改变传统的以教师为中心的授课模式，让学生充分发挥主观能动性，积极参与课堂。教学中，部分小说情节寡淡，语言散文化，内容也相对隐晦，导致学生在阅读时无法很好地理解。此外，受课堂时间的限制，教师对研读环节并不是十分重视，对于一些学生难以理解的点，采用灌输式的教学方法，导致学生无法理解，只能被动接受，逐渐对小说阅读失去兴趣。因此，教师要加强对小说阅读的讲解和引导，着重分析和讲解小说难点，适当放慢教学进度，鼓励学生积极参与讨论，激发其思考的兴趣，让学生沉浸在小说阅读的快乐之中。

二、高中语文课外阅读习惯培养

语文教育未来改革趋势是大语文，对于阅读量和阅读速度的要求显著提高。课外阅读方式可以激活学生阅读兴趣，培养学生阅读习惯。为了有效提升学生课外阅读的积极性，教师要鼓励学生泛读与精读相结合，要帮助学生列清单，并及时为学生阅读解惑，从而推动课外阅读教学的发展，提高学生课外阅读质量。高中生正处于具有强烈探索未知文化兴趣的年龄段，且已经具备一定的自我阅读能力，因而此时是培养阅读习惯，促进其阅读积极性提升的关键时期。高中语文教学中，教师应引导学生积极开展课外阅读，既拓展文化视野，又丰富人文修养。

（一）兴趣激活愿望，规范养成习惯

1. 利用兴趣激活主动阅读愿望

高中生已经具有较强的独立思维意识，他们已经开始对某些主题文化产生兴趣。兴趣是阅读最好的推动力，一旦学生产生阅读兴趣，即使没有教师引导，他们也会积极主动地去阅读自己喜欢的作品。因此，对高中语文教师而言，最重要的就是激活学生的阅读兴趣。课外阅读要求和标准并无定式，学生的兴趣也可能是多元化的，有些学生可能喜欢小说，喜欢沉浸在曲折的故事情节中；有些学生可能喜欢散文，愿意欣赏优美浪漫的文学词句之美；有些学生可能喜欢诗词，对于抑扬顿挫的语言音律充满了热爱；还有些学生喜欢科幻作品，对书中天马行空的想象力与科学创新思维情有独钟。教师平时多观察学生，看他们对什么主题感兴趣，就可以因势

利导地激活他们的阅读愿望。对于一些兴趣不明显的学生，教师应该主动引导他们发现自己的阅读兴趣，这种有意识的引导会让他们的阅读兴趣与教师的阅读期望契合度更高，其阅读内容、方向与语文教育的关系也更加密切。

随着社会的发展、科学的进步，人们越发发现教育的重要性，所以逐渐将教育发展成为应试教育，学生根据一套专业的教学体系进行学习，教师也要进行标准化教学。这种教学方式的好处在于可以帮助学生完整、有计划地学习知识，积累经验，教师根据课程计划推进教案内容，学生在课上紧紧跟随教师的思路。虽然这种教学方式为社会培养了一批优秀的人才，但是它的不足之处在于太过系统化，没有因人而异，没有抓住学生自身的学习特点，学生在学习时不能将自己的个性特点发挥出来，影响学生的思维创造力。鉴于此，现今开启了新一阶段的教学改革，尤其是高中语文教学的改革。现今高中语文教学更注重阅读兴趣的培养，教师在进行阅读教学时，更注重激发学生的学习兴趣，拓展学生的阅读思维，帮助学生养成良好的阅读习惯。例如，高中语文《父母与孩子之间的爱》这一课，教师在开展阅读教学时，可以先进行课内文章的阅读，根据文章内容提出问题，让学生进行总结和思考，从而帮助学生初步掌握阅读技巧，再结合文章特色，进行课外阅读拓展。经过这样不断反复的练习，学生会逐渐掌握阅读技巧，在阅读文章时就可轻松应对。

2. 基于规范养成良好阅读习惯

习惯是一种长久且恒定的力量，良好阅读习惯一旦养成，学生就会受益终身。尤其是课外阅读，本身就缺乏规范的约束，不少高中生尽管也想通过课外阅读方式来提升自己，或者为提高语文成绩进行阅读，但是由于缺乏习惯培养意识，尽管花费了大量时间，却很难取得良好的阅读效果。

阅读习惯的养成主要从细节、规范和坚持三个方面入手：细节是指阅读的时候尽量形成固定的细节特征，如边阅读边思考，并将阅读所得在书的空白处做笔记，或者边阅读边朗诵，在朗诵中体味书中文字韵味；规范是指尽量在阅读时间、阅读量、阅读场所等方面制定一定的规范，如每天坚持课外阅读一小时，时间就安排在晚上睡觉之前，规范是养成阅读习惯的关键要素，因为规范行为会让人产生一种惯性力量，惯性力量就是习惯养成的核心要素；坚持是养成阅读习惯最重要的因素，课外阅读在刚开始的两个月最难坚持，若是能够坚持每天阅读超过两个月，基本上就可以养成良好阅读习惯了。

（二）泛读拓宽视野，精读提升素养

1. 泛读模式利于拓展认知视野

书是文化的载体，每一本书都展示了一种思想或一种人生。高中语文教材中的文章基本上都是精挑细选的内容，由于教材篇幅与课堂容量限制，阅读材料虽精致却不够广泛，也就在某种程度上限制了学生认知视野的拓展。课外阅读开展的重要目的之一就是帮助学生拓展认知视野，让学生对文化有更加立体、丰富和全面的认知。高中语文教材中，有许多节选自经典名著的片段文章，学生若是感兴趣，则可以在学习该文章时对相关书籍进行阅读，拓展认知视野。如高中生知道《范进中举》选自《儒林外史》，在学习了这篇课文之后，可以找出《儒林外史》来泛读一下，会对范进整个人生有更多的认知，并且通过阅读该书，对封建时代的读书人的形象特征会有更加深刻的了解。其实范进中举后，在仕途中还是比较顺利的，算是实现了人生的逆袭，而且官声还算不错。除了基于教材内容进行泛读之外，教师还可以引导学生进行在线阅读，包括报刊阅读、杂志阅读和新出版经典作品阅读等，让学生在广泛阅读过程中，不断汲取新知识的同时磨砺提升阅读技巧与能力，最终形成较为广阔的知识面，构建丰富的知识体系。

2. 精读模式利于提升人文素养

泛读是让高中生拓展认知视野，而精读则是让学生真正深化思维和提升人文素养。尤其是一些经典名著，其内涵丰富，体系架构宏大，非精读不能领略其精髓。精读要求学生真正钻进去，带着思考去阅读。在有的文章中，看似很简单的几段文字，可能蕴含着极为丰富的信息量，而这些隐藏在文字之中的信息量可能就是该文章的精髓。想真正消化所阅读的材料，精读是必然路径。对高中生而言，最简单的精读可以从反复阅读和旁证材料两个路径进行。反复阅读是指对同一份材料进行重复阅读，反复琢磨；旁证材料则是多看其他人对阅读材料的解读，如他人的读书笔记或者书评文字等。以《红楼梦》为例，前面部分对十二钗的判词，就是对应女子的命运解读，在书中有诸多暗线提示，并且有时候一个小细节都涉及整体布局。高中生在阅读《红楼梦》时，还可以参阅借鉴大量解读文章的书评。如此精读，结合自身思考，则可得阅读内容之精髓。

3. 拓展阅读利于丰富生活认知

语文阅读与其他练习最大的区别在于语文阅读可以帮助学生了解教材中没有的事物，经历生活还没有经历的事情，感悟人生中的喜怒哀乐，为日后的生活积累人生经验。所以，教师在进行语文阅读教学时，不仅要传授课本中的内容，还要结合实际情况，在一定程度上向学生拓展课外知识内容。因为课内知识教学是有限的，学习是无限的，如果只进行课内知识的讲解而不进行课外知识的拓展，学生在有限的时间内就只能学会有限的知识，这反而是在浪费时间，所以一定要进行知识的拓展，让学生在有限的时间内学到无限的知识。例如，高中语文《人是一根能思想的苇草》这一课，教师在进行教学时要根据文章内容进行适当的扩展。这节课主要讲的是人在生活中要学会实时思考，做一根有思想的苇草，本文题目的修辞手法是拟人，文章中也用了大量优秀的写作手法和修辞手法，教师要抓住这一关键点进行知识的拓展，告知学生更多的写作手法和修辞手法，并让学生学会灵活运用。

（三）书单引导选择，解惑促进交流

1.阅读清单引导阅读内容选择

在课外阅读中，教师发挥作用的方式是帮助学生列一些阅读清单，对学生的课外阅读内容选择进行适度的引导。如可以通过列课外阅读清单的方式将喜欢阅读小说的学生的阅读兴趣适度引向历史小说、现实主义小说等经典作品，如《三国演义》《儒林外史》《红与黑》《战争与和平》《飘》等，此类作品对学生的成长更有价值，能开阔其视野，引发其思考。教师在列课外阅读清单的时候，应考虑三个要素：学生兴趣、教材内容、时代教育要求。照顾学生兴趣是让学生有坚持阅读的动力，关联教材内容是为了拓展语文教育教学内容的广度和深度，关注时代教育要求则是从学生的成长角度考虑。

2.启发解惑促进师生阅读交流

高中生的阅读量毕竟有限，人生阅历也尚浅，在课外阅读过程中可能会遭遇诸多困惑，此时就需要一个领路人解惑，教师应争取扮演好这一角色。教师对学生阅读困惑的解答，通常不应该直接给出答案，而应采用启发式解惑手段，告诉学生应该从哪个方向去思考，可以参考的材料有哪些，引导学生自己去探索。例如，学生在阅读《三国演义》的时候，感觉诸葛亮"神机妙算"，战略战术都很成功，然而蜀国实力却是三国中最弱的一个。对此，教师可以引导学生换个角度思考：从地盘、兵力、优秀人才等多个角度进行魏蜀吴对比，然后分析诸葛亮的个人性格优点与缺陷等，也可以与学生就某个问题展开交流，让学生解开心中困惑。

阅读在高中语文考试中占有重要的比例，学生要根据阅读内容回答相应的问题，这就要求学生有一定的阅读基础，不仅能够有效进行教科书中的阅读，还会分析课外阅读材料。课外阅读对高中生阅读量的增加与阅读习惯的养成有着极为重要的意义，它不仅能够拓宽语文教材知识空间，还可以拓展学生认知视野，提升学生人文素养。教师可以采用列书单的方式引导学生开展课外阅读，同时对学生在阅读中产生的困惑进行启发式交流解答。在课外阅读中，既要注重精读，也要重视泛读。

三、高中语文家庭阅读氛围培养

曾经有位著名的博士妈妈，她的孩子都非常有出息，基本上都是欧美常青藤高校的博士，别人问起秘诀，她说很简单，就是在家里为孩子创造一个阅读的环境。家庭阅读是全民阅读的基础，倡导全民阅读的关键在于提倡家庭阅读。对高中生来说，虽然在家里的时间不多，但是家庭阅读氛围的培养仍是有必要的，毕竟节假日期间，很多高中生是在家里度过的。

（一）家庭阅读环境的不足

1. 家庭阅读缺乏内驱力

在科技日新月异的信息时代，人们获取知识的途径和方式在不断丰富，影视、游戏、动画、网络等各种传媒手段都对文字阅读造成很大冲击。学生与家长更愿意把时间和精力投入影视、游戏、音乐上，很难静下心来进行文字阅读。在文学名著的教学中发现，很少有学生精读名著、研读细节，对故事梗概的了解都是通过影视作品获得，但影视作品有很多演绎的成分，曲解了人物形象和原著意图。所以，激发家庭阅读的内驱力是很重要的。

2. 家庭阅读需要甄别类型

由于社会环境的导向，高中生阅读的功利性很强，经常性阅读教学辅导类书籍，目的只是提高成绩。加上猎奇心强的心理特点，经常被形式新颖的作品吸引，奇幻、盗墓、穿越题材的书籍成为学生闲暇之余的座上客。只有阅读适合学生年龄特点的书籍，才能不断推动学生能力的发展。

3. 家庭阅读习惯有待培养

目前，家庭阅读在时间和精力上的投入力度不尽如人意。阅读没有明确的目的，孩子的家庭阅读以独立阅读为主，亲子分享阅读的开展情况不容乐观。大部分家长对阅读的重要性是有明确认知的，他们清楚地意识到阅读对孩子丰富知识、开阔眼界的重要作用。但是家庭的阅读习惯没有建立，家长并没有引导孩子在固定的时间和空间中进行阅读活动。与此同时，亲子分享阅读的开展情况堪忧，面对面的阅读是缺失的。大部分家长选择说教的方式劝导孩子阅读，而不关心孩子的阅读内容和阅读兴趣，更提不上陪伴孩子阅读。

4. 家庭阅读需求过于单一

家长和孩子的阅读呈现功利色彩，家长为职业发展需求而阅读，孩子为提高学业成绩而阅读，家庭阅读需求单一化，并呈现平行发展的态势。更有一些家庭阅读是为了打发时间或者寻求浅层的精神快乐。我们应该呼吁互动式家庭阅读需求，家长和孩子通过书籍交流思想，这样，家庭氛围也会更加和谐，并持续良性发展。所以，家长一定要了解孩子的阅读喜好和需求，促使家庭交流氛围的形成。

（二）家庭阅读环境的改进

1. 家长要建立科学的家庭阅读观念

家庭教育是潜移默化的过程，阅读更是一个积累的过程。在此过程中，家长一定要建立科学的家庭阅读观念。阅读能力的提升不是一蹴而就的事情，一定要注重阅读教育的过程，多阅读教育类书籍，多与孩子交谈，了解孩子的爱好和内在需求；重视亲子阅读，在陪伴中设置有价值的问题，引导孩子深入挖掘文学作品；帮助孩子联系书本与现实生活，提高孩子的情感体验能力。

2. 家长要为孩子创设良好的家庭阅读环境

家庭阅读环境分为物质性和非物质性的。随着经济发展，家长在孩子学习上投入的物质资料非常丰富，但忽略了非物质因素的建设，如陪伴、情感投入、对孩子阅读方法的指导都比较欠缺。很多家长已经意识到应为孩子搭建阅读空间，力求为孩子营造温馨的阅读环境，以激发孩子的阅读热情和阅读兴趣，但是对孩子阅读过程的参与不够积极，亲子阅读习惯不令人满意，还有介入的机械性，导致亲子阅读流于形式。所以，创建良好的家庭环境更重要的是主观因素的有效投入。

3. 家长要以身作则以培养孩子良好的阅读习惯

家长的阅读习惯尤为重要，它是孩子学习的范本。在研究中发现每天能够坚持阅读一小时的家长比重很小，家长的网络阅读和消遣阅读比例太大。孩子还处于模仿的阶段，家长的习惯会在潜移默化中影响孩子。我们鼓励家长多带孩子去图书馆或者书店，让孩子从浩瀚的书海中寻求文学养分。孩子越喜爱阅读，阅读素养就越高；孩子为自己的兴趣而阅读的时间越长，阅读能力就越强。家长的文化需求与行为指向是对孩子行为的暗示，家长应该以身作则，同时要重视陪伴的作用，陪同孩子完成阅读任务也是重要的亲子沟通渠道。家长应当注重孩子阅读习惯的培养。在阅读时长方面，家长应进行调控，避免阅读时间过短或过长的情况。当孩子阅读时间明显不足时，家长有必要督促他们每天进行定时定量的阅读；相反，当孩子长时间沉浸在阅读中时，家长有责任提醒他们劳逸结合，树立保护视力的意识，从而更合理地安排阅读时间。在家庭阅读教育中，家长还应向孩子传授科学的阅读方法，如画重点、写批注、摘抄、写读后感等，一旦养成这些良好的阅读习惯，孩子的阅读素养将会得到显著提升。

4. 家长要加强对孩子的阅读指导

家长要加强对孩子的阅读指导，使孩子做到以下几点：首先，要使孩子认识到阅读对个人人文素养的养成和价值观的形成具有重大意义；其次，在家注意培养孩子的阅读兴趣，使孩子养成每天阅读的习惯，为孩子选择有价值的经典名著进行阅读，打好精神的底子，提升语文阅读能力；再次，指导孩子有针对性地、有计划地进行阅读，制订阅读周计划、月计划等，让孩子有意识地在阅读过程中做读书笔记，放慢阅读的速度，让孩子给自己一些思考消化的时间；最后，积极寻求阅读的方法并多读经典书籍。广泛涉猎不同题材和时代的中国文学作品，如老舍的《茶馆》，海子和顾城的诗作，特别应该关注周国平等人的哲理性议论文。学生在具备一定的文本阅读能力和文言文阅读语感的基础上，可以阅读国学经典，如《诗经》《孟子》等，也可以阅读钱锺书、季羡林、余秋雨等作家充满生活哲思的书籍。

5. 家长应确保家中藏书种类的多样性

即便家庭藏书达到了一定数量，但如果仅仅局限于某几种类型，对孩子阅读能力培养的作用也是有限的。对于高中生来说，探索万物、获取知识的热情充斥着他们的内心世界，阅读书籍便是他们拓宽眼界、与世界对话的重要途径，不同的文体类型，不同的阅读情境，不同作者的文字风格，不同时代的文学特征，都有必要在高中生的阅读活动中有所涉及。因此，除了学习必备的各类工具书、教辅用书外，经典名著、科普读物、时评杂志等多种类型的书刊都应当在家庭藏书中占有一席之地。

第三节　教会学生思辨阅读

思辨阅读教学应用到高中语文课堂上是为了有效突破应试教育的弊端，从而实现对高中生核心思维的发展、理性人格的塑造。该种阅读教学策略需要学生依据义本进行文本内容、文本意蕴的解读，进而能够通过文本反思自我。生活语文，实际上就是在生活与教学中，引导学生对生活现象及各种观点进行思辨阅读。

一、思辨阅读的价值理解

2017年版语文新课标在对语文课程性质的阐述中提到，语文课程应"发展思辨能力，提升思维品质，培育社会主义核心价值观"，同时提出语文课程应"以核心素养为本""促进学生思维能力的发展与思维品质的提升"，学生应通过语文学习增强思维的深刻性、敏捷性、灵活性、批判性和独创性。[①]在高中语文阅读教学中，培养学生的思辨能力可以有效提

---

① 蒋晓道.基于培养思辨能力的高中语文阅读教学［J］.上海教育，2018（21）.

升思维品质。

（一）思辨能够突破阅读中的固化印象与思维

我们在教学中往往面临一个两难的选择：是让学生无限接近标准答案，还是让他们个性解读？长期以来，我们的教学或囿于权威的观点，或限于认知的自动化反应，以至于学生缺乏学习的内驱力和主动性，很难达到对文本的个性化解读。因此，在阅读教学中，面对一些固化的理解，教师应着力营造新情境，让学生的旧知识与新发现产生激烈的冲突，从而产生阅读新奇感，使阅读得以深入进行。

例如，在朱自清的《荷塘月色》这一散文经典名篇的教学中，教师向来将"这几天心里颇不宁静"中"不宁静"的原因归结为"正值大革命失败，白色恐怖笼罩中国大地"，依据是篇末所署"一九二七年七月，北京清华园"。我引导学生从文本寻找信息，如文中写道："我爱热闹，也爱冷静；爱群居，也爱独处。……便觉是个自由的人。"[①]这是个非常隐晦含蓄的表述，但至少我们可以看出，作者在当时的生活环境里渴望冷静独处，结合后文的"江南采莲图"，我们可以肯定，他热爱和谐生活里的热闹和群居，因为"江南采莲图"里和平宁静的理想世界，就是"群居"的、"热闹"的。对于主流观点，我们也只能说是一种可能。我让学生查阅资料，在课堂上探讨"朱自清为什么不宁静"的问题，后来发现，他的不宁静，原因可能是多方面的，除了通常认为的对反动派的愤怒、对时局的不安，可能有对故乡的思念，因为他祖籍浙江绍兴，18岁之前生活于扬州；可能有一名自由主义知识分子面对人生十字路口的苦闷；也可能有家

---

① 江金勇.“我爱热闹，也爱冷静；爱群居，也爱独处”正解［J］.学语文，2011（5）：40.

庭生活的困苦和诸多矛盾；等等。

固化的理解是一种狭义的思维定式，极不利于学生思维品质的提升。而思辨于理解，可极大地增加思考的空间。

（二）思辨能够验证阅读中的矛盾观点与认知

在优秀的文学作品中，作者都爱运用矛盾表达法来刻画人物，表现主旨。这些矛盾往往牵一发而动全身，因此从矛盾入手进行思辨，对解读文学作品有着重要的意义。

如关汉卿的《窦娥冤》，有一处很大的矛盾。课文第一层，窦娥勇敢而悲愤地指斥天地鬼神："怎不将天地也生埋怨？"但最后她的三桩誓愿却要通过"感天动地"来实现。这对矛盾说明了什么？以下是课堂部分教学实录。

师：窦娥为何要指斥天地？

生：她斥责天地说明她愤怒至极，只能想到是老天不公。

师：为什么不责怪地痞张驴儿父子，不责怪草菅人命的"青天大老爷"？

生：因为她已经不相信人了，只能祈求老天，认为老天是最强大的主宰，后来发现连老天也不公正，所以她斥责老天。

师：她相信老天的思想根源是什么？

生：封建迷信思想。

师：那么指斥天地说明她已具备了抗争精神。既然她不信天地，那她最后三桩誓愿怎么又要靠天地帮她实现？

生：因为她想不出其他可以帮她的办法。

师：这说明窦娥这一人物的什么特点？

生：可怜可悲。

师：窦娥可怜可悲的症结在哪里？

生：她指斥天地，说明她奋起反抗了，但是她的抗争是无望无力的，所以只能再次依赖天地来帮她实现誓愿。

师：你们相信窦娥的三桩誓愿真的实现了吗？

生齐声：不信。

师：那关汉卿为什么这么写？这也是他的美好愿望，想用他的笔来帮助窦娥申冤。这是浪漫主义的写法。

教师总结，窦娥对天地鬼神的严厉指斥和要感天动地显然是矛盾的。她的身上既有封建思想的烙印，又有反抗精神的影子。一方面，她受到封建思想的毒害，相信官府，相信统治者，对天地是信仰膜拜的，这是她依赖的一面；另一方面，当她遭受严刑拷打，含冤受屈，走向刑场时，她终于看清了残酷现实，将统治者、将天地彻底否定，这是她反抗的一面。窦娥的矛盾其实就是作者的矛盾。一方面，他渴望变革现实；另一方面，又不能从根本上提出救民于水火的办法，只能采用这种浪漫主义的表现手法，靠"感天动地"为窦娥昭雪。从以上教学案例可以看出，思辨于矛盾处，往往能提升思维的深刻性。

（三）思辨能够发现阅读中的创作留白与思索

留白这一艺术创作手法在文学作品中随处可见。在阅读教学中，对留白的分析是提高思辨能力的重要手段。

在古诗词的教学中，可思辨于留白处，从而达到理解作品的目的。如李清照的《声声慢·寻寻觅觅》，单从字面来看，就是一个悲伤的妇女在秋日雨天傍晚借酒消愁愁更愁。但如果仔细思辨那些留白的地方，知晓她的过去曾经，那就真是"这次第，怎一个愁字了得"！"雁过也，正伤心，却是旧时相识"中"雁"在"旧时"是怎样的？"满地黄花堆积，憔悴损，如今有谁堪摘"中与"如今"相对的过去，"黄花"如何？我让学生从这两处留白入手进一步了解词的情感。学生对李清照这位大词人还是有些了解的，课堂上就展开了热烈的讨论。之后我留了一个课外作业，让学生收集李清照诗词中有关"大雁""黄花"的句子，并介绍词句写作的背景，第二天进行课堂交流。我最后做了总结，"大雁"这一意象在词人作品中多次出现，如"好把音书凭过雁，东莱不似蓬莱远""云中谁寄锦书来，雁字回时，月满西楼"，李清照对丈夫赵明诚的嘱托、思念尽在其中。如今，雁在人亡，是何等的愁苦！黄花，亦是词人最爱。"莫道不消魂，帘卷西风，人比黄花瘦"，佳句赠予丈夫寄托情思；"不如随分尊前醉，莫负东篱菊蕊黄"，与丈夫携手赏菊。如今面对满地黄花，抚今思昔，怎不悲伤欲绝。

思辨于文本的留白处，可以提升学生的想象力、表达能力，检验学生对文本的把握准确与否，深刻与否，有没有开拓性、创造力；可以使语文教学内容更加周密、清楚、完整，从而提高教学效率。

思辨阅读是培养学生阅读能力的重要途径，让学生用理性思维来阅读经典，养成独立自主的思考习惯和多元、理性的思维方式，从而提升思维品质，培育社会主义核心价值观，培养高尚的审美情趣，积累丰厚的文化底蕴，理解文化多样性。

二、思辨阅读的应用策略

在高中语文的教学过程中，思辨阅读得到了更多人的关注。传统高中语文的阅读模式已经不再适合学生的发展，教师受应试教育的影响，进行单纯的讲解，无法调动学生的学习积极性。而思辨阅读则避免了这一矛盾，使学生的综合能力得以提升。当前由于生活压力增大，人们似乎进入了浅阅读时代，而在该时代，思辨对于高中生来说是非常重要的，其在结合语文阅读的基础上实现了学生思想的升华。从当前高中语文阅读教学现状来看，很多教师在阅读课上经常浅显解读文章、剥夺学生的话语权，这对学生阅读能力的提升极为不利。因此，开展思辨阅读教学是非常必要的，其能够实现学生思维能力的发展、核心素养的有效养成。

（一）思辨阅读应用到文本阅读中的结构层次分析

要想通过语文教学提高学生的思辨能力，则需要对思辨阅读的结构层次进行解读，其具体的结构层次分为三个。

1. 思辨阅读基点（阅读文本基本信息）

文本基本信息对学生开展思辨阅读起到基础性作用，从整体上感知文本的过程能够让学生更好地领悟文本知识信息，从而使学生的综合能力得以提升。

2. 思辨阅读核心（阅读文本内在逻辑）

阅读文本最大的魅力就是阅读文本内在逻辑，主要指向文本信息背后的因果逻辑、社会文化逻辑等。而要想通过阅读去锻炼学生的逻辑思辨能力，则需要将学生的知识背景、文化底蕴结合在一起，实现文本思想内涵的传递。

3. 思辨阅读升华（阅读文本中的人性情思）

文本中蕴含着作者的情思，是人性思辨和透视的地带，而思辨语文阅读教学能够透过文本的"血肉"，直指人性情思。

（二）思辨阅读应用到高中语文阅读教学中的具体策略

1. 通过核心问题实现思维启发

语文阅读教学应该突出文本的核心问题做到突出，思辨阅读也有这点要求，重点强调从文本关键点、学生认知矛盾出发，依据教学目标、文本载体，有效地激发学生思辨，进而提出深刻的思辨问题。①例如，在《鸿门宴》阅读教学的过程中，教师可以通过"夺项王天下者，必沛公也"提出问题：亚父是项羽最得力的谋士、政权核心人物，为什么会得出如此没有志气的结论？进而以此核心问题为出发点引导学生思考"究竟刘邦和项羽谁才是真英雄？"思辨阅读教学改变了学生思考问题的方式，实现了透过文本进行人物性格的分析、透过事实表面看到更深层次的原因。

2. 鼓励学生对阅读文本提出自己的见解

学生在阅读课堂上要围绕阅读主题进行文本分析，并在此基础上依据文本矛盾展开深入的推理及论证，从而证明自己观点的合理性。这就需要教师为学生创设更为开放和平等的课堂氛围，采用多种方式鼓励学生对自己的见解进行论述，让学生积极地讨论及交流，从而通过不同观点的碰撞实现思辨能力的提高。例如，教师在讲解《故都的秋》时，就可以在课上鼓励学生依据文本的主题进行解读，有的学生读出了秋的悲凉味道，有的学生读出了忧国忧民之心，有的学生读出了文人颓唐的情调，有的学生读出了生命之美，等等。

3. 依托文学经典文本实现思辨阅读

当前高中阅读文本很多都是文学经典，是经过历史沉淀、大众认可的作品。文学经典能够实现对学生进行文化熏陶、思维启发等教育价值，蕴含着丰富的教学资源，而且这些教学资源需要教师依据文本层次进行开发和挖掘，并依据具体的教学目标、能力指向、文字语言、形式结构等进行思考与辨析。如《赤壁赋》这一文学经典就是苏轼被贬到黄州时创作的，

---

① 刘继明. 指导思辨性阅读，提升学生阅读素养［J］. 语文天地，2020（8）：57-58.

其做到了寓情于景，写出了苏轼思想变化过程，同时蕴含着传统儒释道思想。所以，这一文学经典的思维空间是非常大的，教师可以在开展思辨阅读教学时以"诗人的乐与悲"为核心矛盾，让学生从敬、情、理三个角度去思辨。

教学，就是教学生学，不仅要看学生学的结果，更要看学生学的过程及学的方法。教师应基于"学的活动"来设计教学环节，进行板块化设计，为学生提供有效的思维开展路径。例如，教学《游褒禅山记》一课时，教师设计了这样几个学习环节：借助地图，像导游一样简单介绍褒禅山的地理位置；假如你是一位导演，想把这篇课文拍成纪录片，结合课文对应段落，你打算拍几部分？各部分准备取什么题目？结合课文，利用录音功能练习朗读，为一段纪录片配音。这三个环节的目的是教学生厘清思路，把握结构。

4. 角色扮演有创意的阅读和表达

课堂上，学生以"导游""导演""解说员"的身份进行有创意的阅读和表达，读文字，悟特点，议想法，练配音，这样的学习方式调动了学生多方面的学习潜能，锻炼了学生的思维能力。

当学生产生一个问题或者有了一个答案，教师可以追问"你为什么有这样的疑问"或者"你是怎么想的"，目的是引导学生把自己的思维过程说出来，让看不见的思维尤其是思维的细节得以显现。

高中阅读教学对学生核心素养的提升非常重要，教师应该做到通过核心问题实现思维启发，鼓励学生对阅读文本进行质疑，依托文学经典文本实现思辨阅读。

三、思辨阅读的开展方式

在新课程改革过程中，高中语文教师应该积极改变传统的机械式阅读教学模式，采取思辨阅读教学方式来提高教学质量，让学生感受阅读价值，体会阅读意义；在充分了解文本内涵的基础上，鼓励学生大胆发表看法，提出疑问，解决问题，从而培养学生的创新思维能力，发挥阅读教学的重要作用，提升学生的语文综合素养。思辨阅读教学要以生为本，让学生成为阅读学习、文本解读的主体，在自主与合作学习中提升学生的语文核心素养。

（一）基于阅读文本特征开展思辨阅读教学

在高中语文课堂开展思辨阅读教学也是一个传授知识的过程，不仅包括语文知识，也包括思维方式、阅读方法等，让学生获得一些受益终身的知识，有助于其核心素养的养成。开展思辨阅读教学能加快学生知识积累，从而使学生更全面地解读和评价文本，同时让学生在阅读过程中主动分析文本，独立、自由且合理地表达自己的观点，养成一种根据事实证据说话的思维方式，提升理性思维能力。

高中生自我意识的发展逐渐深化，因此，教师在阅读教学中进行情感渲染的同时，应加强对其理性思维的培养，让学生能够辩证理性地阅读文本，自我阐述文本意义。开展思辨阅读教学是为了深入挖掘文本的价值和意义，让学生理性阅读文本，加深理解，基于自身理解用自己的语言陈述文本内容，客观、公正地分析评价文本，体会文本的内在含义。因此，教师要结合文本的特征开展思辨阅读教学活动，引导学生深入挖掘文章内容，探究细节，让学生综合自身经验深入客观地分析文本，把握文本内涵。

在阅读教学中，教师可以让学生基于文章背景进行阅读，并查找相关资料，根据学生整合的各项资料，设置情境，梳理重点内容。同时还应让学生综合自身理解对文章进行主观阐述，转变固有思维模式，站在不同角度分析文章，加强对文章的理解。例如，在《林黛玉进贾府》的教学中，教师可以先介绍贾家与林黛玉之间的关系，让学生基于背景内容进行阅读，收集文章资料，然后根据学生收集的资料设置情境问题："如果你是林黛玉，面对贾府众人的表现会产生什么想法？"以此来转变学生的思维模式，激发学生的阅读兴趣，引导学生进行深入理解。

（二）围绕文本核心问题启发学生思辨阅读

开展思辨阅读教学能让学生在阅读过程中潜移默化地形成良好的阅读习惯，包括观察、思考、积累等，并且促进学生养成思辨思维习惯和思考文本问题后将自己的观点撰写成文的习惯，利于学生思维发展，提高学生的写作能力。思辨阅读教学更强调学生对问题进行理性思考，通过思辨的过程自我认识、控制、体悟，能够自发地汲取经典文化的养料，发展自我意识，提升自我认识水平。

学生是独立的个体，思想境界各不相同，而思辨阅读教学就是针对学生个性发展的不同而提出的教学方式。教师应对学生进行思维启蒙，引导学生发展理性思维，让学生在思辨阅读、对问题的思考过程中逐渐形成自己的思维方式、阅读方法，在辩证思考中领悟文本意义，促进自身个性发展。

思辨阅读教学的重点是突出文本核心问题，从而引导学生进行针对性的思考，让学生在解决文本核心问题的过程中加深对文本内容的理解，锻炼思辨能力和辩证思维。教师要掌握文本核心问题的本质特征，即能促进学生理解，让学生参与多种认知互动，问题简明清晰等，只有抓住文本矛盾之处和学生认知矛盾之处，以文本为载体，激发学生思辨，才能促进学生质疑释疑，提高阅读能力。

如在《鸿门宴》的学习中，教师可以以范增最后"夺项王天下者，必沛公也"的结论为切入点，引导学生解读文本，思考作为西楚首席谋士的范增为何会发出如此感叹，并组织学生比较刘邦和项羽两方军政，从宏观历史角度理性剖析，促进学生学习对比思辨的思维方式。

（三）结合学生心理推动强化思辨阅读

阅读是一种复杂的心理活动，因此，思辨阅读的效果与学生的心理变化关系密切。由于时代背景、社会生活等方面的不同，学生很难深入理解一些距今较远时代的文章，尤其是文言文。而思辨阅读能让学生深入文章背景中，以全新的方式和视角探究文章内涵。如在《寡人之于国也》一文的教学中，学生能够理解孟子的仁政观念，却无法真正了解其内在意义，做到感同身受。教师可以讲解当时的社会状况，让学生了解当时百姓所处境遇，组织学生小组讨论若处于这样的时代自身有何作为，从而加深学生对文章的理解。

阅读教学是学生、教师、文本等多方交流互动的活动，而思辨阅读教学主要是让学生通过自身阅读能力掌握文本信息，形成对文本的整体理解，是以培养学生理性思维为主要目标的教学方式，有利于学生掌握阅读方法，促进阅读迁移。总之，在高中语文教学中，教师应积极采用思辨阅读教学模式，引导学生剖析文本内容，站在不同角度深入探究文本，创新思维模式，从而激发学生阅读思考的热情，在思辨问题的解决中提升学生的语文综合素养。

（四）设置阅读问题推动思辨阅读

在教学过程中，教师常常以考试为目的，在一定程度上把阅读教学变成了阅读训练，使学生产生抵触情绪，丧失阅读兴趣。而提问式阅读在一定程度上可以消除这一问题，其实设置问题是最常见的一种方法，目的是进一步锻炼学生的思维能力。在阅读训练中提问也关系到教学进程能否顺利进行，要提出合理的问题，教师就必须把握全文的中心和重难点，还要注意问题的难易程度，让学生都能参与进去，从而激发学生的学习兴趣。教师在设置问题时要做到以下几点：第一，要让学生有清晰的方向，给予学生适当的提示，让学生进行思考；第二，问题的设置要具有层次性，从容易到困难，从外向内地层层深入，不断诱发学生思考；第三，问题要有区分度，除了要将教学的难易程度区分开，还要对学生的个体差异进行划分，让每个学生都能回答出来，这样不仅会让学生积极参与到阅读教学中去，还可以锻炼学生的思维能力，充分调动学生的学习积极性，提高学生的阅读理解能力。所以在阅读教学中，教师要注意合理提问，并引导学生找到解题的思路及逻辑。

（五）采用综合阅读方法进行思辨阅读

综合阅读方法主要包括以下几种。

第一，快速阅读，对文章中的逻辑关系进行梳理，对有关信息进行整理和提取，阅读的目标要明确、方向感要好，对一些标题、数字等要进行定向的阅读，把握文章的重点。

第二，比较阅读，将文章中的逻辑、文字信息进行对比，理解问题产生的原因，分析其中的规律，排除干扰信息，从而得出问题的答案。

第三，深入阅读，把握文章的重点，以免产生思想误区，并进行反复阅读，锻炼学生的反思能力，让学生探究问题的本质，进而做出判断及推理。其实阅读方法有很多，最重要的是让学生养成阅读的好习惯，拓展学生的眼界，丰富学生的精神世界。

（六）在课外阅读拓展中引导思辨阅读

根据新课改的要求，高中生的阅读教育要具有多样化色彩，这样可以拓宽学生的眼界。教师要引导学生选择正确的文章，更要让学生学会独立选择材料，丰富自己的精神世界，提升自己的文化素养。高中教材中的文章都比较具有代表意义，对学生鉴赏能力的提高起到很大的作用，但也具有一定的局限性。所以，语文阅读不能局限于教材，而要将目光延伸到课外阅读上，让学生进行课外拓展，这样可以提高教学效果，丰富教学方法，提高学生的做题水平，也可以在阅读中得到情感上的契合点。例如，在学习《三顾茅庐》这篇文章时，就可以让学生了解《三国演义》这本著作，让学生感受刘备"三顾茅庐"时的心情，也可以让学生在课上分享自己印象最深刻的人物形象，谈谈自己看完《三国演义》这本著作的感受及心情，这不仅在无形中提高了学生对阅读的兴趣，增加了学生的阅读量，还可以引导学生将在阅读中学到的知识用到写作上。写作离不开大量的阅读，只有将阅读的文章不断地内化成自己的东西，才能写出好文章。所以，阅读教学非常重要，正确地选择阅读文章，能让学生在无形中树立正确的价值观。

第三章

生活素材与生活写作

生活处处有语文，语文涉及的内容是我们生活中必不可少的一部分。学好语文知识是很重要的。学好了语文，我们的生活就会变得多姿多彩，我们也会因此爱上生活，爱上语文。生活为语文创作提供了最丰富的素材，生活是语文创作的基础，若是没有生活，一切语文内容都将变得空洞乏味，其价值也无法体现。"生活化"作文教学是一种富有创新性的作文教学法，在我校推广应用期间，受到了语文教师的一致好评和学生的热烈欢迎。因此，高中语文教学必须从生活中要素材，从生活角度展开写作训练，引导学生将语文创作真正融入生活。

第一节　做生活的思考者

　　高中生学习语文的过程，本质上就是不断激活生活体验的过程，生活体验越丰富，对课文内容的理解与感悟就越深刻。与生活相联系的事物才会使学生产生兴趣，我们要在课堂上扩展学生学习语文的时空界限，挖掘有效教学资源，积极创设与课文内容相关的生活情境，引导学生在生活情境中思考，探寻生命的本真。生活是写作思考最核心的内容，高中生应做生活的思考者，多关注生活的细节，多思考生活中各种事情的底层逻辑。对于一件事情的发生，多思考其起因、经过、结果以及与其相关的人物的性格……养成思考的习惯，这样写出来的文章才会具有思考性，才会真正体现语文的底蕴。

一、生活提供语文思考素材

　　生活提供了最丰富的语文思考素材。学生可以对生活中的相关情境进行内容理解与重构，从而为语文思考与写作提供帮助。在高中语文教学中，教师可以结合具体教学内容，利用实物、图片、声音、动画、视频等将生活中的语文应用场景引入课堂，创设生活化的教学情境，让学生感知语文知识在现实生活中的具体应用。同时，教师还可以鼓励学生分角色表演戏剧文学作品，再现生活情境，通过这些方式，让学生有更多的感知、体验机会和展示平台，也让学生在作品体验中强化实践能力，从而真正培养学生的语文素养，为学生写作提供帮助与素材。

例如，语言表达题是考查学生语用能力的主要方式，也是写作的基础，很多学校对学生进行专项训练，让学生懂得语言表达需简明得体。教师在讲解语言表达或指导学生专项复习时，应注重情境创设，在具体的生活情境中让学生表演、体悟，观看相应的场景视频，让学生自己拟写邀请函、倡议书、借条、欠条、申请书、介绍信等，并进行合作探究，这样不仅能让学生掌握知识，更能让学生在生活中准确表达自己的情感。

生活中的娱乐提供了写作素材。例如，我们看电视时，如果听不到声音，就可以从字幕了解电视所讲的内容；看报纸时更需要语文知识，就连玩游戏也需要学好语文知识才能通关。语文与娱乐有着紧密的联系。2021年某类型试卷的高考作文题，就与《觉醒年代》有着深度的内在契合，若学生看了这部剧并引起了思考，就可以在作文中表现更好。

生活中的琐事提供了写作素材。例如，当我们感冒需要吃药时，必须读懂说明书才能知道吃多少药；在购买商品时，我们也需要读懂说明书才能明白这个商品有什么作用。语文确实对生活有着极大的影响，生活琐事也为语文写作提供了素材。当我们思考生活琐事的时候，细节、感悟就成为最好的写作素材。

生活中的人际交往也提供了写作素材。在与他人交往的时候，我们必须通过自我介绍来让他人认识我们，进而与我们交往。而自我介绍需要灵活地运用语文知识才会更精彩，才会吸引他人的注意，从而扩大社交范围。当我们决定展开社交时，会思考，会表达，会观察，都是很好的语文素材体验。

对高中生而言，提升写作水平的有效途径就是将生活引入写作，教师要引导学生通过对生活的细心观察，发现、收集和积累鲜活的写作素材，并正确地运用到写作中去。如基于目前学生微博使用率较高的情况，教师可以引导学生针对生活中的某个人、某件事、某种现象进行描述、评论，从而使学生在生活中积累素材，在轻松的生活环境中提升语言表达能力，最终达到提高写作水平的目的。另外，在写作教学中，教师还可以利用课堂导入一些生活化的、学生感兴趣的作文题。

例如，有些学生很喜欢草根明星"大衣哥"朱之文，在作文课中，教师利用多媒体播放了朱之文在《我是大明星》选秀栏目中演唱《滚滚长江东逝水》的视频。能在课堂上通过多媒体看到自己喜爱的明星，学生都很兴奋，对朱之文的议论此起彼伏。教师抓住这一时机，在黑板上写下作文题目"朱之文成功的启示"。在这样散发着浓厚生活气息的情境中，学生文思泉涌，奋笔疾书。不同的学生从不同的角度探索其成功之路，这就是最好的写作素材。由于与生活素材巧妙结合，这次的作文练习出现了不少佳作，达到了预期效果。

语文教学中的写作生活化是将学习内容与生活场景有效结合，充分发挥和调动学生已有的生活体验，激发学生的学习兴趣，将语文学习的知识性目标转化为学生生活的内在需要，促使他们将学习与生活有机结合起来。[1]教师应改变传统的教学方法，善于挖掘生活中与语文相关的知识，

---

① 李平. 高中语文生活化教学的有效对策探析［J］. 软件（教学），2015（7）：235.

在课堂教学中积极创设生活化的教学情境，设计生活化的语文作业。这种生活化的语文教学模式，不仅可以活跃课堂教学气氛，也可以激发学生的学习兴趣，顺应新课改让学生成为课堂主角的新要求，让学生在语文学习中感悟生活，在生活中实践和运用语文知识。

从生活出发，观察生活，思考生活，品味生活，写作素材自然能够得到累积。

二、生活激活语文写作思绪

原本以为，只有每天咀嚼生硬的语文课本，才能学到语文；原本以为，只有每天消化那些枯燥乏味的字、词、句，才能学到语文；原本以为，只有每天不停地在纸上写字，才能学到语文。可是，渐渐地，我发现是我想错了。在我们的生活中，语文无处不在。生活是五彩缤纷的，而生活离不开语文，正是语文这颗熠熠生辉的宝石把生活点缀得更美。

在语文写作中，生活将会提供最多的思考路径，最丰富的思考角度，最广袤的思考空间以及最深沉的思考感悟。

下面从日常生活最常见的场景出发，展示生活对语文写作思考的影响。

（一）人生感悟类写作——借生活之景，抒生命之情

看着片片枯叶姗然落下，突兀的枝丫孤独地延伸，心中一阵凄凉酸楚。环卫工人一如既往的执着，收集着满地落黄，或做肥或焚化，身旁的它们仍然漠视，傲然挺立于酷酷严寒，期待着暖春的再次莅临，这是一种执着，一种不屈，一种信念，一种精神，年年岁岁莫有例外，一次一次谢幕只为一次一次再度登场，你注意到了吗？也许熟视，也许根本不经意，但此种现象却始终伴随宇宙生生不息，顽强的生命在繁复中永恒，不以己

悲，不为他扰，不屈不挠，唯一流淌着的是岁月年华。

纷扰的岁月，或雷霆或凄风，抑或伴随冰冷的苦雨，却都在衣不蔽体，繁华不再之时。你说那又怎样？一个无有思考、无有感受的木偶，我却说你错，它是有思想，有体验的，不然起风时为何会瑟瑟发抖，起雨时为何会翩然飘飘，纷纷离落，唯有裸体？在春暖花开之时，云开雾散之际，它那繁茂的枝丫，缤纷的色彩，为何也会欣欣然乐此不疲？在道路的两旁，在高山之巅为何也不遗余力地展现，以至于乐于扮彩的挪移亦会霓虹闪烁光彩照人？根系大地的日子，在山间，在河旁，在危崖，在险滩却也依然，山间它葱绿着，河旁它摇曳着，危崖它欢腾着，只一根根细脉全力汲取着大地的乳汁，顽强地扮演着自己的角色，在人们需要的时候，却不分地域如何苛刻，条件如何艰苦。人们跋山涉水，观景流连，踏春踩青时目力所及无不养眼，心旷神怡，只因有它做伴一路走来才精彩纷呈，目不暇接。香山红枫，黄山雾凇，泰山彩叶，南国古榕以它们的纷繁向人们诉说着悠久古朴，展现着预知的未来，这是生命的符号，是不朽的乐章。

路旁一棵巨大的白杨高高矗立着，那华丽的冠盖在炎炎夏日为人们提供凉阴，那摇曳着的闪着油亮的片片绿叶随着一阵凉风婆娑起舞，影影绰绰的斑驳洒落一地，像乐厅闪烁的霓虹，伴随优美的乐章翩然起舞。起雨的季节，却又像一把华丽的巨伞，其上大雨如注，其下只是滴答，被大雨驱赶的人们急匆匆赶往躲雨，待雨驻再四散开来。此时的它博大雄伟，彰显着生命的强悍和力量，令人折服。凄风苦雨的季节，大大小小的生命被摧残，被凋零，它的旁边尽显突兀，即使有，也是黄叶片片摇摇欲坠，看它时却偶有几片黄挂在其上，仍是满目葱茏。大风起时，它的枝丫只是一阵轻轻摇摆，仿佛挠痒，它粗壮的树干说"能奈我何"？这是生命的积累，这是经年厚重的堆积，是顽强，是不屈。

想想我中华民族，历经几千年仍生生不息，什么冰雪灾害，洪水肆虐，地震恫吓，从不为所惧，从容面对，我似乎明白了什么。我泱泱大国不正像眼前的白杨吗？其子子孙孙在它的庇护下枝叶繁茂，繁衍生息。

点评与分析：此文章的作者，从树木落叶、生长这一生活中常见现象出发，联想到生命，联想到中华民族的精神，这就是用观察去感悟生命与人生，从而创作出了非常好的作文。

（二）人生品悟类写作——借生活之物，悟人生之路

花开花谢，潮涨潮落，世人的眼光随花飘飞，随波飞扬，生命的光辉也因此被折射得神奇而又悲壮。

人初生的无知，少年的纯真，青年的朝气，中年的稳重，老年的愤世嫉俗都表现在生命的过程中。生命是母亲的慈爱，父亲的严厉，爱人的柔情，朋友的关切，是一切感情的集合体。长河衬落日，青松立峭壁，万里平沙落秋雁，三月阳春和白雪，宝刀快马，金貂美酒都是生命画卷中的一部分。只不过，有些人的生命是素描，有些人的生命是水墨画，有些人的生命是水粉画，还有一些人的生命是油画……也许生命就是如此多彩。

走在生命的长廊上，有的人把自己当作游客，四处观光；有的人把自己当作路人，埋头前进；有的人把自己当作上宾，只是欣赏一侧的景致，假装很有兴趣；而有的人则把自己当作主人，精心设计人生中的景物。人不同，心不同，看到的景致也不同，对生命的理解自然就有所差异。

开花容易，结果难，同样，我们获得生命轻松，并不代表生命过程也熠熠闪光。冬去春至，树上开满了艳丽的花朵，放眼望去姹紫嫣红，令人心旷神怡；但在万花竞相开放的背后却隐藏着凋零，送夏迎秋，一棵树

上只挂了不多的果实。静心思索，优胜劣汰让人心惊。开花的不一定都结果，结的果不一定都是甜的。生命又何尝不是如此，活着的不一定都是成功的，成功的也不一定都是有价值的。开花、结果是自然规律，但如果没有蜜蜂采花粉，一切都是徒然；活着的人如果得不到社会的认可，生命的价值也不能得以实现。

然而，一切的结果都源于生命自身的成长。石缝中可以创造生命，小草破岩而出；峭壁上能够屹立奇迹，青松挺拔而立；逆境同样可以造就英才。其实，生命就像是岸边的岩石，原本有棱有角的它们在经历了海浪无数次的拍打侵蚀之后变得平滑、光亮。当我们惊叹海之壮阔、天之高远、路之漫长时，我们便能洞察一切了。

有时我们需要把自己当成自己去激发生命的火花，有时我们则要把自己当作别人从另一个角度去思考生命。但不论从哪个角度思考，我们都会面向遥远的地平线测度生命的行程。

海子说："远方除了遥远一无所有。"那我要说："生命除了奋斗别无所求！"

点评与分析：生命，是生活中经常会谈到的话题，但是作者从生活出发探寻生命本真的意义，这就是写作的技巧。生活中有无数的感悟与思考，它们都可以成为写作的优质素材，非常有利于学生作文能力的提升。

（三）生活顿悟类写作——借生活小事，悟生命大道

周末我去摘茶叶，因为是春天，雨露充足，气候变暖，茶树上冒出了许多的新叶子。

有的小似针尖，有的舒展宽大，但无一不鲜嫩翠绿，采茶工人们灵巧的手在茶树上翻飞，慢慢地，一竹筐就被新茶叶填满了。咦？为什么老茶叶无人问津呢？

晚上在家里的茶桌上，我问起了爸爸。

爸爸说只有新茶叶烘焙出的茶才有一股清香，茶水才会变成绿汤。

这真奇怪，我原本以为新茶叶和老茶叶只有颜色与形状的不同，原来它们的价值和味道也是天差地别的。

"那是不是老茶叶就一点用处都没有呢？"

"不是的，它们都是茶树的一部分，如果不留下一点新叶子变成老叶子，那么茶树就死亡了。"

所以，每一片叶子都会变老，每一片叶子都有价值，对吗？

对啊，就像我们每个人都有童年，少年，青年，中年，老年一样，每个阶段的生命都是与众不同的，而且是不能重复的，一个人不能拥有两个生命的时段。

那援助武汉的医生护士为什么不怕死？他们的生命和病人一样也只有一次呀！

因为生命除了活着，还有一种责任。

就像老茶叶努力成长，是为了让茶树更健康、长出更多新茶叶那样吗？

爸爸笑而不语。望着茶杯里袅袅升起的水汽，新叶子们仿佛在说：每片叶子都有价值，我们很开心。

我也很开心，我似乎懂得了一点生命的价值。

点评与分析：一片小小的茶叶，一次简单的摘茶活动，让作者对生命价值产生了顿悟。生命的顿悟不一定要经历大事件，它可以从无数的生活琐事中得来，除了茶叶，还有稻田里的禾苗，不也展示了生命的顽强吗？生活中有着太多丰富的作文素材。

（四）生活领悟类写作——借生活微末，悟深刻哲理

我常常在想一个问题：生命是什么？

　　早晨，我在小区里的花园内锻炼。突然，一个小东西吸引了我，那是一只花蝴蝶停在了一朵沾着露珠的玫瑰花上。我想：把它捉回去欣赏，不是很好吗？于是，我蹑手蹑脚地来到玫瑰花前，伸出手，快速地捏住蝴蝶的翅膀。"我捉住蝴蝶啦！"我大声喊道，蝴蝶在我手上挣扎，翅膀上的粉掉了一地。但是再怎么挣扎也是没有用的。过了一会儿，蝴蝶挣断了那一小半美丽的翅膀，扑闪着残余的翅膀飞向了它渴望的自由……我感到了一股生命的力量，一只小小的蝴蝶居然有如此强烈的求生欲，真令我震惊。

　　在小区里，有一块石头。有一天，我惊奇地发现：石缝中竟然长出了一截小花苗。在没有泥土，没有阳光、养分的艰苦环境中不屈向上，苗壮成长。这是一种多么强的生命力啊！竟使它冲破了坚硬的大石头，生根发芽，我不由得对这株小花苗产生了敬佩之情。

　　又一次，我读了一本书，是介绍名人的故事，当我读了海伦·凯勒的故事后，心里就像打翻了五味瓶一样，久久不能平静。海伦一岁多的时候得了一场大病，导致她失去了视力与听力。但她没有向命运屈服，而是勇敢地面对它，并掌握了英、法、德、希腊、拉丁五种语言，还以优异的成绩考上了哈佛大学。她毕生创作了十四部巨著，被誉为世界十大杰出妇女之一。就是这样一位一生都充满着传奇色彩的女性，以坚强的意志和卓越的贡献感动了全世界。

　　生命是什么？我已经懂得了：生命是蝴蝶强烈的求生欲；生命是石缝中的小花苗不屈向上，苗壮成长；生命是海伦·凯勒坚强的意志；生命是……我们要热爱生命，让有限的生命体现出无限的价值，决不让它白白流失，使自己活得更加精彩！

　　点评与分析：作者有一个疑问，即："生命是什么？"通过观察身边生活中的事物，包括蝴蝶和小花苗，看到了它们身上的生命精神；通过阅读书籍，探索生命的本质。是啊，生活中有无数的生命，只要用心观察，就会有所领悟。当你有了观察，有了领悟，作文写作还会缺素材吗？显然不会。

三、生活推动语文写作教学

列宁说："没有'人的感情'，就从来没有也不可能有人对于真理的追求。"[①]教师要教育学生认识生活，追求真理，就要注重对学生的情感培养。尤其是语文教师，更应具有丰富的情感。因为语文是一门最具有情意的人文学科，是由教材的文章情感、教师的教学情感和学生的学习情感三者融会贯通而形成的复杂而又丰富的情感整体。语文教师就是学生领会课文的思想内容、人物情感、精神内质的媒介或桥梁。因此，作为一名语文教师，务必在"情"字上下功大，学会认情和用情。

司马迁在《报任安书》中写道："盖文王拘而演《周易》；仲尼厄而作《春秋》；屈原放逐，乃赋《离骚》；左丘失明，厥有《国语》；孙子膑脚，兵法修列；不韦迁蜀，世传《吕览》；韩非囚秦，《说难》《孤愤》。《诗》三百篇，大抵圣贤发愤之所为也。"可见，好的作品都是"情动于衷，不吐不快"的力作。入选语文课本的文章大多是古今中外的名篇佳作，这决定了语文教材具有很强的人文性和情意性。如《背影》《回忆我的母亲》流露真挚的亲情，《我的老师》《藤野先生》饱含深厚的师生情，《谁是最可爱的人》《驿路梨花》反映人物的心灵美，《游褒

---

① 钱加清，孙明荣.教学情感的凸显策略探讨 [J].语文学刊（高等教育版），2003（2）：
81-82+84.

禅山记》《石钟山记》体现大自然的山水美……总之，课本中的文章无不
是感人肺腑、传诵不衰的佳作，无不是作者强烈感情的产物，是语言工具
性、知识性、思想性和情感性的统一体。由此可见，在语文教学中，如能
引导学生正确认识和理解课文所蕴含的丰富感情，从中得到感染和熏陶，
就可以达到进行思想教育、培养高尚情操的目的。从某种意义上来讲，生
活中的情感体验与领悟也是创作最重要的素材。

那么，语文教师应该如何在生活语文教学中实施情感教育呢？

（一）披文入情，以情激情

要上好一节课，教师首先应该是受教育者。教师钻研教材时，要披
文入情，情动于衷，深刻理解作品蕴含的丰富感情因素，并根据作品中
的具体形象，或联系自己的生活经历，或丰富和补充作品形象，把作品
寄寓的情感化为自己的真情实感，继而把自己所体验到的感情传达给学
生，使学生也能为这些情感所感染，求得在感情上与作者产生共鸣，从
而增进学习的兴趣。如备《陈情表》一文时，就应联想到现实生活中的
孝道。这样，教师的情感和作者的情感就达到水乳交融，讲起课来，便
能情思横溢，以情动人，叩击学生的心弦，在学生心目中引起强烈的共
鸣。也就是说，只有教师先入情入境，进入角色，把作者寄托的情感化
为自己的真情流露，才能以情动情，以心换心，用自己的爱憎和苦乐的
情感去感染学生。

（二）剖析形象，唤起美感

高尔基说过"文学是人学"。学生接触文学大师笔下的栩栩如生的
人物形象，总会如见其人，如闻其声，既具体可感，又渗透着作者浓郁的
思想感情。教师应引导学生走进作品描述的艺术境界中，让人物形象在学
生的脑海里"活"起来，在潜移默化中受到人物高尚情操的影响和感染，

从而得到精神上的满足和愉悦。因此，在语文教学中，教师要善于对人物形象进行剖析。而剖析人物形象往往是通过对人物的外貌、语言、动作、心理等进行深入分析，以揭示人物的内心世界，进而反映社会现实。如《孔乙己》中孔乙己最后一次到酒店喝酒这一段的肖像描写，就既凝聚着孔乙己一生的悲惨遭遇，又表现了孔乙己当时内心的痛苦，更控诉了当时腐败的社会制度。教师分析课文时，要是只停留在外貌描写的字句分析上，学生得到的就只是一个近乎"乞丐"的印象。如果能通过外貌描写剖析挖掘孔乙己的内心世界，就可以激起学生情感上的波澜，如文中"脸上黑而且瘦""穿一件破夹袄""盘着两腿，下面垫一个蒲包，用草绳在肩上挂住""用手走来的"，这些悲惨遭遇是丁举人残酷的表现，是在封建科举制度下的必然结局，同时控诉了当时社会的黑暗、腐败，使学生认识到当时的社会现实，从而更加珍惜今天的生活。这样通过对人物形象的具体分析，学生就会产生审美情趣，并潜移默化地受这一形象的感召。

（三）进入意境，析景见情

文学作品，尤其是诗歌和散文中的"情"，往往与景相融，即所谓"寓情于景""借景抒情""融情于景"。因此，教师讲课时，应把学生带进意境之中，通过析景来见情。如讲《望天门山》一诗时，教师可结合诗句给学生展现这样一幅图景：连绵的天门山好像忽然裂开，横夹长江，对峙而立。碧绿的江水浩浩荡荡，从山的中间奔腾而过，这时，远处太阳升起的那一边，有一只帆船冲破层层巨浪，飞快地向这边驶来……这样，在学生面前展现出一幅由青山、绿水、红日、白帆组成的动中有静、静中有动、明媚秀丽、辽阔雄伟的画面，让学生从画面中感受到祖国大好河山的美，激发爱国之情，同时也让学生领悟到奋发向上的生活哲理。又如年近六旬的特级教师高润华在讲授朱自清的《背影》时，慢慢地转过身去，双手攀着活动黑板的上沿，一条腿慢慢地向上缩，她那胖胖的身子向左微倾，显出十分努力的样子。当高老师攀上去的一刹那，学生已完全理解作者写父亲过月台动作的深刻含义。高老师用精心设计的肢体语言给学生留下了深刻的印象，让学生明白这就是爱的背影。

（四）声情并茂，用心朗读

俗话说，教师三分靠内才，七分靠口才。叶圣陶也一再强调："凡是当教师的人绝无例外地要学好语言，才能做好教育工作和教学工作。"可见，用好语言是一名合格教师必备的素质和条件。教材中有许多感情丰富、优美动人的文章，但在教学过程中，不少教师或学生朗读时不注意语气、语调和语速，尽是一味见字就读，缺乏节奏感，这样是不可能领悟文中蕴含的深挚情感的。好的作品需要反复咏读，把握节奏，这样才能使自己的感情与作者的感情接近甚至重合。如朱自清的《荷塘月色》描写的是朦胧、素淡、幽雅的夜景，应读得低沉、深情，把学生带入那淡淡的哀愁的氛围和那幽静、寂寞的小路；再用略带喜悦的语调朗读描绘月色下的荷塘的语句；然后随着作者的思路回到黑暗现实，语气又转为哀愁、苦闷。又如朗读《听潮》时，教师要根据大海落潮、涨潮初起及涨潮高峰等不同景象，运用或舒缓轻柔，或急促激越的语调进行朗读，再现大海的温柔美和雄壮美，使学生体会大海那静谧温柔、壮阔美丽的景象，达到景由心生、情随景发的高度。

教师有感情地朗读，能再现作品的神韵美和声感美，能较好地控制课堂，抓住学生的"心"，激发学生的"情"，点燃学生的"趣"，活泼学生的"思"，发展学生的"智"，从而收到良好的教学效果。

教学是一门艺术，而语文教学的艺术性更突出。有经验的语文教师就像琴师在奏乐，用真情去拨响学生的心弦，把学生带入生动活泼、绚丽多彩的情感美育天地，并将教师之情、文章之情和学生之情合奏成一曲曲动人的、深情的歌谣。

第二节　做生活的见证者

生活提供了最丰富的写作素材，但这些素材是客观的，有待挖掘的。作为高中生，应该做生活的见证者，努力挖掘和累积生活写作素材，让生活成为写作取之不尽的素材库。不论是精彩的生活还是平淡的生活，都是好的写作素材，重点在于学生如何把握，如何挖掘与如何思考和组织。见证了生活，将其诉诸笔端，就是华章美文。

一、基于生活挖掘整理写作素材

我国著名语文教育专家张孝纯先生提出"大语文教育"观念，倡导语文教育要"得法于课堂，受益于课外"。我认为，高中学生要写好作文，积累写作素材是非常重要的一环，而要做好写作素材的积累，必须引导学生确立"大语文"观念，引导他们从课本、从媒体、从生活中挖掘材料。

（一）反复研读教材，提炼典型事例

高中三年，按人教版现行的语文课本统计，共有文章150篇左右，加上读本，合计约500篇。课本所选的文章，绝大多数是久经考验的名篇。

只要认真思考，挖掘课文的内涵，从时代背景、作者简介、文本解读、课本注释、课文链接、乃至单元小结，都是素材的宝库。例如，涉及感情话题的，必修二第一单元巴金的《我的母亲》、吴昌泰的《冰心：巴金这个人》、黄河浪的《故乡的榕树》等，就分别从亲情、友情、乡情几个方面展开；涉及批判社会现实话题的，选修五第一单元蒲松龄的《促织》、冯梦龙的《杜十娘怒沉百宝箱》等，批判了丑恶的社会现实，折射了人性的丑陋；涉及奋斗、成功、人生价值等话题的，选修九第一单元《在哈金森工厂》中不向苦难屈服、自强不息的邓小平，《铁肩担道义》中坚持信念、直面黑暗的李大钊，《在寻找"野败"的日子里》中潜心研究、勇抓机遇的袁隆平，《在画布里搏斗的人生》中身残志坚、积极乐观的谢坤山，《遨游在建筑天地间》中满腹诗书、积极追求真理和艺术的梁思成、林徽因夫妇；等等。因此，研读教材，提炼实例，积累素材，是提升写作能力的有效手段。

（二）抓好课外阅读，注重纵横联系

现行人教版教材经过多次改版，限于篇幅，许多经典的范文被忍痛割爱。因此，我注重引导学生抓好课外阅读，并大力推介一些名篇名段供学生阅读与思考。比如，《烛之武退秦师》一文，郑伯面对烛之武的牢骚，深深自责："吾不能早用子，今急而求子，是寡人之过也。"这句话可解读为几个观点，纵横联系课内外的事例，可为写作提供丰富的素材。观点一，是金子总会发光的。烛之武才华出众，晚年才被重用，挽救国家于危难，这和八十高龄出任丞相的姜子牙，古稀之年被信陵君奉为座上客的"夷门监者"侯嬴何其相似！说明只要甘于寂寞、不懈追求，总会守得云开见月明。观点二，千里马仍需伯乐的发现和扶持。没有佚之狐，烛之武这匹千里马恐怕将老死马厩。古往今来，千里马与伯乐的故事多如牛毛，如鲍叔牙不因为管仲贪小便宜、临阵退缩等缺点而否定其才能，反而极力推荐，并退位让贤，管仲终成一代名相；复旦大学古文字学泰斗裘锡圭慧眼识珠，破格推荐只有高中学历的三轮车夫蔡伟为其博士生；等等。观点三，好的口才是成功的一半。烛之武外交辞令委婉含蓄，刚柔并济，无疑是成功的保证。纵观课文试卷中出现的文章，《晏子使楚》《触龙说赵太后》《谏太宗十思疏》《廉颇蔺相如列传》中的晏子、触龙、魏徵、蔺相如等人，都是口才出众、事业成功的佼佼者。

（三）积累新闻素材，提高思辨能力

近年来，广东省许多语文教育专家都提出高考作文素材要贴近生活，切忌新瓶装旧酒，写来写去都是老掉牙的旧事例。为此，我注重引导学生阅读《南方日报》《茂名日报》《广东教育》《师道》等报纸杂志，节假日收听或者收看《630新闻》《今日关注》《焦点访谈》等电视节目，倡导学生对每天发生的重大事情进行独立思考，并把鲜活新颖的材料按体育、文化、教育、科技、工商、政治等进行分类、提炼、积累。同时，在教学实践中，我结合课堂实际，适时穿插一些与授课内容联系紧密的时政热点，鼓励学生思考、辩论。比如，孙政才、苏荣、仇和等高官纷纷落马，说明什么问题？昆山电动车男自卫案属于正当自卫还是自卫过当？影视明星丑闻频发引发我们怎样的思考？中国高科技飞速发展动了"谁的奶酪"？通过引导、示范、辩论，学生阅读报纸的兴趣大大提升，思考问题不断深入，写作素材不断丰富。曾有人说，批判精神，是呼唤进步的闪耀火花，它证明至少我们还没有沉沦；批判精神，是追求真理的神圣之光，它证明至少我们还没有堕落；批判精神，是面向未来的热切向往，它证明至少我们还没有绝望。诚哉斯言。在漫长的人类历史上，批判是思想进步的活水、社会发展的源泉。没有哥白尼的批判精神，就没有神学大厦的坍塌，也就没有我们所生活星球的真相；没有费尔巴哈的批判精神，就没有对黑格尔哲学的扬弃，也就没有马克思主义的登场；没有共产党人的批判精神，就不会有社会主义中国的拨乱反正，也就没有波澜壮阔的改革开放。正是在批判中，我们突破一个又一个禁区，从必然王国一步步逼近自由王国。

在辩证哲学看来，不存在任何一成不变的、绝对的、神圣的东西。比如对于"绿"这个话题，朱自清和陆蠡分别写过《绿》和《囚绿记》。《绿》是一篇美文，它之所以脍炙人口，传诵至今，不仅在于它形象地描绘了梅雨潭"奇异""醉人"的绿，还在于它字里行间所洋溢的一种浓郁的诗味；不仅具有诗的构思、诗的结构，更有诗的情感、诗的意境、诗的语言，可以说做到了以诗为文，文中有诗，这正是《绿》的独特魅力所在。而《囚绿记》中对"绿"的描写也很富有诗意，细腻且温柔，但又从"绿"生发开去并引出这样一个哲理：一个人的高贵之处就在于当一种东西侮辱了他的精神的时候，他的内心会逼他去抗争，他为精神自由而死，死而无憾。同样，鲁迅和果戈里都写过同名的《狂人日记》，两篇小说在体裁、形式和表现手法上虽有某些相同或近似，比如都采用日记体，都采用"以狗喻人"，都呼喊"救救孩子"，但鲁迅只是在形式上有所借鉴，两个狂人貌似神殊，就思想内容的深度而言，鲁迅的《狂人日记》是果戈里难以企及的。果戈里的《狂人日记》是对可怜的生活、可怜之人的温厚嘲笑，鲁迅的《狂人日记》则是对旧社会弊害的深入发掘和彻底否定。果戈里《狂人日记》中的"狂人"悲剧在一定程度上反映了当时俄国官场的某些黑暗，"救救孩子"的呼声也只是想挽救或改变小人物穷困潦倒的命运；而鲁迅《狂人日记》中的"狂人"悲剧是一个彻底的不妥协的反礼教斗士的壮举，"救救孩子"却是要掀掉"安排给阔人享用的人肉的筵宴",显然鲁迅《狂人日记》的现实主义批判力量要比果戈里的《狂人日记》强大得多。生活中的素材是一块含有水晶的矿石,未经思辨时看起来只是普通的石头,一旦经过思辨,就能发现其内部蕴藏着美丽的水晶。

(四)关注现实生活,写出真情实感

语文课程标准指出:"写作是运用语言文字进行表达和交流的重要方式,是认识世界、认识自我、进行创造性表述的过程。""写作教学应贴近学生实际,让学生易于动笔,乐于表达,应引导学生关注现实,热爱生活,表达真情实感。"生活是我们取之不尽、用之不竭的写作源泉。只要做生活的有心人,善于观察,用心体验,处处皆学问。家庭里、马路上、校园中……有许多东西值得我们去写。青年散文家叶倾城的代表作《走在每一位母亲的情怀里》,写的是女儿周末为母亲买春游面包的琐事,却折射了现代子女与父母缺乏交流,不理解父母的现状,情真意切;青年散文家乔叶的作品《刀爱》,通过记叙奶奶每年3月左右就用刀砍枣树,防止枣树前期生长过快,影响后期的结果,说明刀伤就是刀爱的道理。以上这些,都是现实生活中的一些小事、琐事。因此,只要留心观察,就能捕捉到那一闪即逝的美好瞬间;只要留心观察,就能挖掘出那深埋在平凡琐事中的闪光点;只要留心观察,就能积累无数感情真挚的写作素材。

优秀的高考作文,往往善于引经据典,旁征博引,阅古览今。因此,在日常的学习生活中,学生要有目的地从课本、从媒体、从生活中积累古今诗句、格言、名人名句、精短故事、优秀歌词、上佳广告语、典型事例、生活实例等,并用专门的笔记本记录下来。若学生有素材积累,有思辨精神,则高考写作就可以信手拈来,且具有较高的创作质量。

二、基于生活整理收集写作素材

高中生想要从生活中整理收集写作素材，就必须走入生活并理解生活。站在岸上是学不会游泳的，同样，不深入生活是无法理解生活的，更无法将其转化为写作素材。

（一）观察生活和走进生活，寻找写作素材

著名教育学家叶圣陶先生说："生活如泉源，文章如溪水，泉源丰富而不枯竭，溪水自然活泼地流个不歇。"[①]在生活作文的研究中，我们要注重把学生的目光引向自然生活、学校生活、家庭生活、社会生活，引导他们走入生活，理解生活，指导他们做积累素材的有心人。

作文教学中的即兴观察和有意观察，都是认识生活、获取作文材料的常用方法。平时我们要教给学生观察方法并有意引导学生去观察周围美好的人和事。如观察乡村、街道的重大建设与细微变化，留心家庭中一些生活设施的添置……观察社会各阶层人物的工作表现：如民警指挥交通，退休工人维持社会秩序，医生热情为病人治病，营业员周到服务，教师关心热爱学生，爷爷奶奶勤劳俭朴，叔叔阿姨尊老爱幼，同学之间友爱互助……观察大自然的树木花草、虫鱼鸟兽、日月星空、小河田野、瓜果蔬菜……通过观察，激发学生的作文兴趣，帮助学生积累写作素材，陶冶学生的情操。

教师要有意识地组织活动，使学生积累典型的写作材料。这不仅能促进作文教学，而且能在引导学生认识生活的过程中深化作文主题。如进行

[①] 金加锦. 构建"生活作文"体系 提高学生综合素质［J］. 小学语文教学，2001（2）：78-79.

写人作文的训练时，单靠作文指导启发学生选材是远远不够的，学生往往会一时想不起来而无从下笔。如果我们在作文前组织学生开展"夸××"或"我佩服他（她）""他（她）真行"等演讲形式的主题活动，学生就会有较多时间去回忆、收集所写人物对象的材料。这样，既可激发学生表达的欲望，产生作文兴趣，又可选取表现人物特点的典型材料。在记事作文训练方面，我们配合重大节日组织学生举办联欢会、游艺会，利用课余时间开展"谈天说地""畅想未来""世界之最报道""中国伟人介绍""著名风景区导游""地球呐喊沙龙"……平时组织学生郊游，参观工厂，深入农村……让学生自办活动"周末大家乐""早晨新闻发布会"……定期举行校园文化艺术节、体育运动会"看我露一手"擂台赛……让学生的表现意识得到培养，才华得到展示，表达能力得到提高。

实践出真知。我们从作文教学的需要出发，有计划地引导学生为积累作文材料而进行社会生活实践。如种植花草树木，让学生了解植物的生长过程；饲养虫鱼鸟兽，了解动物的生活习性；参与家务劳动及公益劳动，体验劳动的滋味；考察乡村生态环境的变化，懂得保护环境……学生观察之后，就会得出感悟，加工之后即可成为写作素材。在实践过程中，我们注重引导学生体会实践的感受。如学会技能获得成功的喜悦；做了好事受到他人赞扬的快乐；遇到困难、挫折时的沮丧；受到责难、误解甚至讽刺打击时的愤慨……引导学生把这一切所见所感装进自己的"素材库"。

（二）关注生活和描绘生活，加工写作素材

高中生的作文往往对客观事物描摹得不够具体、不够真切，导致作文质量不高。这是因为高中生对生活中司空见惯的事物缺乏深入了解的兴趣，并且由于学习很忙，不愿意花时间去整理和思考。单项素描是高中生作文十分重要的写作基础训练，也是学生必不可少的写作基本功。基本功练得好，写作起来才能得心应手，运笔自如，才能把事物写具体、写真切。因此，我们首先强化学生的单项素描，指导学生运用素描与写实相结合的手法，对事物的形状、颜色、声音、动作等多方面特点，进行形象的描绘，使人如见其形，如闻其声，如临其境。在教学中，我们具体练习了这几种素描：物件素描、植物素描、动物素描、景物素描、场面素描、外貌素描、动作素描、语言素描、心理素描。通过素描练习，学生练就了扎实的写作基本功，为作文综合训练打下了坚实的基础。

高中生写作文主要是在写人记事、写景状物的基础上进行议论文写作。写好这类文章的关键是让学生掌握写法，把握规律。比如，写人可通过一件事，也可通过几件事；可表现人物一个方面的特点，也可表现人物几个方面的特点。要表现人物的特点，要必须选取典型事例；要抓住人物的特点，就必须通过人物的外貌、语言、动作、神态来表现人物的内心世界。在写事方面，若写一件事则要注意：记叙要完整，"六要素"缺一不可；内容要具体而有条理，事情的经过要详写；用准人称，写出真情实感。若写几件事则要注意：中心明确，先后有序，有详有略，注意几件事之间的联系，让几件事紧密地成为一个整体。写游记要按一定的顺序把游览的过程和所看到的景物有选择、有重点地写下来。写参观记最重要的是按时间的顺序、地点的转移，将参观时所见所闻有选择、有详有略地写出来；既要进行人物活动的描写，又要进行景物的描写，把参观过程（动态）和看到的景物（静态）写清楚……让学生掌握这些写法的主要途径是教师结合范文剖析，学生从读写中领悟。

在学生掌握了基本的表达方法之后，教师应让学生自由表达，不受课本要求的限制，不为教师的指定所左右，题目可自拟，体裁可自定，内容可自选，做到形式多样化，取材生活化，语言自由化，让作文成为学生传情达意的工具，让写作成为学生生活的需要。这样，学生就能以"生活"为基础，以"真实"为准则，以"新颖"为前提，去描绘丰富多彩的校园生活，喜怒哀乐的家庭生活，五彩缤纷的社会生活，绚丽多彩的自然生活。

（三）体验生活和创造生活，挖掘写作素材

实践证明，想象是创造的前提，而生活可以为想象提供空间与基础。因此，在作文教学中，我们应提供各种条件，激发情趣，引导想象，让学生在愉悦的环境里产生表达欲望。高中生的想象力往往是受外界事物刺激而引发的，具有无意性。根据高中生这一心理特点，作文课上，我们要有意识地出示小物件，给学生以直观刺激，引导他们想联系，构环节，写成文。例如，出示"一张照片""一本荣誉证书""一封表扬信"，再启发他们提出问题，找出它们的横向联系，接着根据问题组织讨论，想象事情发生的起因、经过、结果，最后独立成文。

学生不仅是学习的主人，更是生活的主人。因此，我们要注重为学生创造契机，让他们自己设计生活，从而发展他们的创造力。例如，我们让学生假设自己是未来的老师、厂长、医生、工人、农民……去设计符合自己愿望和理想的社会、生活、职业、工作、成果。学生在作文中的每一个细节，都是未来社会的格局，他们的敢想敢做，令人惊叹！高中语文生活化教学，需要立足课堂教学内容，围绕学生发展实际，不断拓宽学生视野，引入更多的学习资源，让学生更好地学习和感知语文，树立大语文学习观。生活是最好的课堂，社会是最大的教室，教师应引导学生从更广阔的社会生活中选取更多的鲜活素材，充实课堂教学内容，让学生得到更多的直观感受，将语文学习与现实生活密切联系起来；为学生补充更多与社会生活联系密切的阅读材料，引导学生更好地感知文化民俗，体现语文课堂教学的生活化和个性化，让学生结合生活实际感知语文内容。如在语文教学中教师可以引入传统节日民俗活动，引导学生从民族文化的角度感知语文学习，从而培养学生的民族文化心理，强化学生的社会意识。以社会生活资源来补充教学资源，将课堂教学资源与现实社会生活资源相对照，引导学生更加全面、深入地学习语文，感知人生。例如，教学屈原的《离骚》时，除了要引导学生感知作品中表现的基本内容，体会屈原在诗歌中表达的情感，感悟他伟大的爱国精神之外，还要联系与之相关的民俗活动。不同地区端午节的民俗活动有着不同的组织形式，但都有着相同的愿望和文化内涵，教师要让学生通过研究分析各地端午节民俗文化活动，感知屈原在我国白姓心中的地位，了解各地虽然民俗活动不同，但是对屈原的敬重和怀念是一致的。这样，学生就能从文化和民族心理的角度去思考，将课文内容和民族文化联系起来，真正感知语文学习的价值。

学习的最终目的是付诸实践，教师要让学生能够在实践中应用各种知识，发挥知识的价值和作用，以此来深化学生对知识的理解，并在实践中将语文知识转化为能力，强化学生的体验，从而真正将知识转变成学生的综合素养。教师可以为学生设置一定的社会调查任务，让学生参与社会实践调查，围绕相关主题活动，撰写相应的调查报告；每年寒暑假让学生写游记散文，抒发情感；让学生积极参与网上咨询、辩论比赛、广告词创作、应用文写作、解说词创作等，把语文知识应用到实际生活中。比如，学习《鸿门宴》以后，教师可以让学生就"项羽失败是否是因为没杀刘邦"进行辩论，引导学生收集各种材料，并结合自己的理解相互辩驳，通过辩论让学生深入了解原因，也能锻炼学生的综合语用与思辨能力。又如，不少学生家长在外务工或做生意时都会签订各种协议及合同，教师可以让学生学习拟订协议与合同，掌握规范的应用文写作方法，或者让学生学习写"借条""欠条""请柬""邀请函"等应用文。教师也可以为学生设置一定的情境，让学生拟写各种应用文，从而提高学生的学习兴趣，真正培养学生的语文素养和应用能力。

三、基于生活观察累积写作素材

俗话说"厚积才能薄发""巧妇难为无米之炊"，这都是在说积累的重要性，作文写作也是如此。要想写好作文，素材积累是关键。学生有了丰富的素材积累，充实的内心感受，作文自然就不愁无话可写了。关于语文写作素材的积累方式有很多，而生活是创作的源泉，离开了生活，写作就成了无源之水，无本之木。因此，我们要重视日常生活，让学生从日常生活中积累写作素材，培养和提高学生的写作水平。

（一）引导高中生主动关注日常生活

许多学生自感生活面较窄，生活范围"家庭—学校"两点一线，每天疲于应付繁重的作业，无空闲时间关注社会大事，感觉离社会较远，生活较单调。其实不然，看似平淡的生活，也是多姿多彩的。早上校园里迎着朝阳灿烂盛开的花朵，考试失落时同学的一句安慰，校运会上同学的飒爽英姿……如果我们留意观察了这些，就会觉得看似枯燥的学习生活中也处处充满着乐趣。因此，我们要鼓励学生树立关注生活的思想意识。

罗丹曾说："生活中不是缺少美，而是缺少发现美的眼睛。"其实作文素材就在身边，处处皆有，俯首可拾。只要我们鼓励学生有意识地关注日常生活，用心观察，多思多记，注意积累，再加上适当的指导，作文何愁"无话可说"呢？

（二）引导高中生发现生活中的真善美

俄国著名作家契诃夫曾说："作家务必要把自己锻炼成一个目光敏锐永不罢休的观察家！要把自己锻炼到观察简直成习惯，仿佛变成第二个天性。"[1]大作家尚且如此，学生更要坚持用这种细致的眼光来观察世界，并把观察当成一种习惯，长期坚持下去。学生要留心观察身边的人与物、事与景，从中选取自己作文时所需要的材料，这样的作文便有了生气和活力，避免陷入空洞、言之无物的毛病中。此外，细致的观察并不是说要去观察那些宏大、精彩、感人的场面与事迹，大自然的一草一木、一枝一叶，晴朗的天空、雨中的池塘、潭中的鱼儿、树林里的鸟，都可以是观察的对象。学生的观察对象也不局限于物与景，也可以去观察人。朱自清先生通过观察父亲的背影，感受到父爱的伟大。我们也可以要求学生仔细观察身边的父母、兄弟、老师、同学，通过观察他们的一言一行，引发思索，随时将其收入自己的写作"素材库"。总之，我们要培养学生细致观察周围世界的习惯，感受生活中的真、善、美，激发他们写作的兴趣。

（三）引导高中生思考生活事件背后的内涵

日常生活中，学生会遇到很多人，会发生很多事，也许绝大多数学生都忽略了这些。我们要鼓励学生透过这些人和事，发掘其背后的深层内

---

[1] 唐惠忠. 觅得"精米"好"下锅"——记叙文写作之材料选用 [J]. 少年写作：青春风（下旬），2014（11）：53.

涵，进而体会生活的绚丽缤纷，学会思考。鲁迅的《一件小事》，就是通过记叙人力车夫的一件小事，歌颂了人力车夫正直无私的高尚品质，表现了进步知识分子严于剖析自己、自我批评的精神。

"一花一世界，一叶一天堂"。在充分调动学生感官去感知生活，品味生活真善美的同时，引导学生深入思考，积极探究，才能激发学生的写作热情，让学生学会因事悟理、由情至理，感悟生命意义，思考生活哲理，探究生活真谛，提升人文精神。

当学生看到任何事情都能够思考的时候，批判思维、理性思维、逻辑思维、人文思维等都会自动运转起来，从而推动对生活理解的深刻化和理性化，最终成为议论文写作的重要素材与基础。

（四）引导高中生积极写作和训练

"不积跬步，无以至千里；不积小流，无以成江海""千里之行，始于足下"，这些名言都是在说积累的重要性，对待作文素材，也应注意积累。我们要鼓励学生从日常生活的点滴积累做起，日积月累，就能培养写作的兴趣和热情。

写作材料大致有两种：一种是在日常生活中通过观察、实验、调查得到的直接感知材料；另一种是通过视听媒介间接得到的间接感知材料。如何把这两种材料有效地储存下来，作为今后作文的材料呢？日记便可充当这些材料的载体，指导学生坚持写日记是"生活作文"训练一种行之有效的办法。

学生一旦养成了写日记的习惯，积累的作文素材就会越来越多，在以后的作文训练中，只要翻翻自己的日记，就会得到满意的素材。

（五）生活中写作素材寻找和发现的八个方法

第一，根据自身生活经历去挖掘写作素材。让学生想一想自己经历过的难忘的事情，并把它们写出来。因为是自己经历的故事，所以写起来也更容易些。可以让学生先写出故事是如何发生的，人物、地点都要写清楚，然后写通过这件事情自己想到了什么或者对自己产生了怎样的影响。这样，一篇文章就很容易完成了。

第二，写生活中所遇到的身边的人和事。每个人都不是独立存在的，身边都有同学、同事、朋友，哪怕是陌生人。也许有学生会说，别人的故事我又不清楚，我哪知道呢？这就需要我们引导学生多多关注身边的人，这里的关注并不是指整天盯着他人的隐私。例如，身边的某个人因为非常自律，所以做什么事情都比别人做得好，那么我们就可以写写他是如何做到自律的，他又是如何通过自律改变了自己的人生。写别人的故事时一定要找到一个亮点，通过这个亮点，写出自己想写的、想说的。

第三，从社会新闻中寻找写作素材。社会是最大的生活场景，社会新闻也是最大的写作素材库。新闻里记述的事情，无论爱情、亲情、友情，都能成为写作的素材。还有新闻里许多的报道，如某某地方发生了一件重大事故，某人做了让人气愤、或让人感动、或让人发指的事情，也可以成为写作的素材。如果新闻的信息量太少，我们就可以让学生想想自己是否经历过类似的事，然后试着把自己经历过的事与新闻里报道的事糅合在一起，思考这些事能带给我们哪些启示，会给这个社会带来哪些好处或危害。这样也能写出一篇文章。

第四，从生活中的视频里寻找写作素材。这里的视频指一切影像，包括电视、电影、微影、短视频等。我们要让学生带着一定的目的性去观看，从视频里的人物、故事情节以及人际关系中寻找写作素材。例如，引导学生思考视频里的哪个人物自己最喜欢，哪个人物自己最讨厌，为什么喜欢，又为什么讨厌；或者视频中哪些故事情节对自己有触动，有启发；或者视频里哪些人和事，让自己联想到身边类似的人和事；又或者视频里哪些经典台词带给你触动，让你想说点什么。这些都可以写成一篇文章。此外，现在许多综艺节目里也能挖掘出许多他人的故事以及一些社会现象。总之，要让学生在视频里多挖掘写作素材，然后马上动手去写。

第五，从别人文章中间接收集生活感悟。当我们在关注生活时，别人也在关注生活。别人文章中的生活感悟，也可以间接成为自己的写作素材。首先，要让学生带着批判性的思想去看别人的文章，从相反的观点去思考，尝试着写一篇相反观点的文章。例如，有人写内心的美比外在的美更重要，我们就写外在的美比内心的美更重要。其次，引导学生思考别人的文章里哪一句话触动了自己，通过这句话自己联想到了什么，并以此为内容写一篇文章。只要带着思考，学生就能从别人的文章里寻找到自己需要的素材。

第六，从名人名言里寻找写作素材。名人名言，从本质上来讲，也是别人生活感悟的精髓，高中生可以从大量的名人名言里去寻找能够激发自己灵感的素材。名人名言本身就是经过时间打磨的精句，每一句名言都包含着一个故事，包含着一个思想的闪光点。可以引导学生通过深挖名言寻找更深层的故事，也可以通过名言延伸自己的思想，思考生活中有哪些事情印证了这句名言。

第七，从音乐欣赏中寻找写作素材。许多音乐是能打动人心的，一首歌可以让我们想起某个人或者某个年代发生的事情。听完一首歌有想表达的思想和感受，一定要写下来，说不定就是一篇好文章。

第八，从书籍里寻找写作素材。从古至今，书籍记录的生活内容最完整、最丰富。都说"书中自有颜如玉，书中自有黄金屋"，可见，书籍带给我们的知识与感受是相当多的。可以让学生看完一本书后写一篇书评，介绍该书都有哪些好的内容，也可以写书里让自己感受颇深的某个点。总之，可以从各种角度写一篇关于该书的文章。

第三节　做生活的记录者

　　"生活化"作文教学以"生活化"为出发点，实施"五法"教学："词句式"作文训练法、创设情境法、以小见大法、逆向思维法、发散思维法。"生活化"作文教学可打破课堂内外、校园内外的界限，充分利用学校、家庭和社会上的教学资源，开展多渠道的学习，拓展学生的学习空间和时间，多层次开发作文的生活资源，学生在写作中通过观察、感受、收集、交流、讨论、选材、立意、思考与创造，提高感受与思维的能力，提高对生活的认识与对自我的认识，通过组织、表达与修改提高语言表达能力，从促进学生写作动机的形成，到"有东西可写"，再到"能够写出来"，进而形成一个良性循环。因此，实施"生活化"作文教学，既基于教师又基于学生，从教学的运用和实效性来看，这种"创新型"作文教学法取得了很好的成效。

一、生活化作文写作的问题剖析

　　国内外对生活化作文教学的研究一直贯穿于基础教育改革的始终。

在日本，作文教学有三个重要方面：一是有写作动机；二是有东西可写；三是能够写出来。要做到"有东西可写"，就要到生活中收集材料。国内对生活化作文教学研究也有零星报道，比如，广州黄埔区教育局教研室中小学作文教学"生活化、个性化、快速化"研究，在全市产生了一定的影响。从网络上看，有关生活化作文教学研究的开展逐渐增多。

生活是作文之源。教育家叶圣陶先生在诸多写作教学论著中都提及了"生活作文"这一话题。他说："作文是生活的一部分，是一种发展，是一种享受""写文章不是生活上的点缀，而是生活本身""作文是我们生活里的一件事情""写作之所以同衣食一样，成为生活上不可或缺的一个项目，原在表白内心，与他人相沟通"。这些论述从不同的角度说明了生活与作文的关系，是"生活作文"的理论奠基。语文课程标准关于写作的目标做了这样的表述："养成留心观察周围事物的习惯，有意识地丰富自己的见闻""多角度地观察生活，发现生活的丰富多彩，捕捉事物的特征，力求有创意地表达"。关于生活化作文，教育家的教育理论已有很多，但我们真正用以指导作文教学实践的还很少。尤其是在长期的教学实践中，我们发现作文教学呈现出一些积重难返的问题，主要表现为以下几个方面。

（一）作文备课：没有教案也没有计划

在日常教学中，教师在制订教学计划时，一般会安排一学期四次大作文，四次小作文，没有作文教学的明细计划和教案，作文课是穿插在教材文本教学之中的。每隔两周或一个月，教师根据教材的进度选取一个话题或者从网上随便下载一个题目让学生写一篇文章，作文教学随意化，没有明确的教学目标和序列化的学期规划。

（二）作文方式：呆板、随意、单一

作文课一般都是教师每上完一单元，就根据单元要求来布置作文，极度呆板；或者临时起意，在网上搜索一些材料，提供给学生，让学生自己摸索去作文，十分随意；更有甚者，直接提供一些范文给学生背诵、模仿，没有句段的练习，全是成篇展现，学生没有自主选择权，只是被动地写作，这种教学效果可想而知。

（三）作文文体：单一，禁锢学生思维

部分教师为了更好把握写作的技巧和模式，教学过程中只训练两种文体：一是记叙文，二是议论文。学生没有选择的空间，禁锢了写作思维，导致写作千篇一律、千人一面。

（四）作文内容：单调，语言乏味

高中学生有句顺口溜："宁做数学一百题，不写作文三五句。"有的学生对作文不感兴趣，生搬硬套，胡乱凑数；有的学生不会审题，下笔千言，离题万丈；有的学生写作速度慢，草草结束，虎头蛇尾；有的学生生活阅历少，情感体验不丰富，内容单调，语言乏味。

（五）作文批改：方式单一，事倍功半

传统的作文批改方式为学生完成作文后交给教师，教师对学生作文实施打分的单项评价。教师详批详改一篇作文，往往需要10分钟左右，倘若一位教师任教两个班的语文课，大约120份作文，工作量无疑是巨大的。但作文发回之后，学生关注更多的是自己的分数，而忽略了教师的辛苦劳动。

（六）作文讲评：没有针对性，缺乏指导

学生写完作文，教师批完之后，就是作文讲评。大部分教师根据分数把学生分成三六九等，把存在的问题简单罗列一下，然后读一两篇所谓的范文，讲评就结束了，再选另一个作文话题来写，如此循环往复。这样的讲评方式针对性不强，也没有进一步对学生作文进行修改和提升。

这样的作文教学让学生痛苦不堪，教师疲惫不已，学校的作文教学确实需要一场改革。我们结合作文教学的实际，用教育家的教学理论、新课标的教学理念指导生活化作文教学。生活化作文教学可打破课堂内外、校园内外的界限，充分利用各个方面的教学资源，使学生能够写出东西来，从而形成良性循环。

二、生活化作文写作的思路探索

（一）"词句式"作文训练法

基于学生语言运用表达能力差的特点，我校作文教学采取由易到难，由句到段再到篇的策略，先对学生进行"词句式"作文训练，让学生每天从生活中提炼3～5个常见用词，然后串联起来组成2～3句话，可以是对生活细致的描绘，也可以是对生活的独特发现和感受，等等。实践证明，"词句式"作文训练法大大降低了写作难度，提高了学生的写作兴趣，让学生"吾手写吾心"。坚持了一个月后，学生写出了很多生活化的文字，情感真挚，篇幅越来越长。

（二）创设情境法

高中生生活阅历少，虽然从电视、报纸、网络等新闻媒介吸纳了一些素材，但很多都是表象记忆，缺乏深入思考，写作时往往绞尽脑汁，难以成文。这主要是因为未能激发情感，未能用到头脑中的记忆表象。因此，教师要通过一定的方式创设生活情境，激活学生的情感体验，触发他们的记忆，使他们产生表达的欲望。作文教学时，我们经常利用图片、动画、音乐、文字等手段营造一种氛围和情境，通过扩写、改写、续写、仿写等形式，触发学生的思维，点燃学生写作的热情，进而提高写作能力。

（三）以小见大法

这是写作中经常用到的一种手法，通过小题材、小事件和细节来揭示重大主题，反映深刻内容的写作方法。比如，叶倾城《走在每一位母亲的情怀里》这篇文章通过女儿帮妈妈买春游面包这件生活小事，揭示母亲深埋多年的愿望；乔叶《刀爱》这篇散文通过描写奶奶砍枣树干这件小事，点明刀之伤其实就是刀之爱，于事如此，于人也如此。"以小见大"法在于抓住一事一物、一情一景，从大处着眼、小处落笔，深入发掘。教师在指导学生进行写作训练时，要选取典型的小事件、小片段、小镜头和生活细节，从大处挖掘，引导学生认真思索其中所蕴含的深刻意义，并对朴实的情感进行升华，这样写出来的文章就具有了见微知著的智慧之美。

（四）逆向思维法

逆向思维法是一种反向思维的方法。逆向思维能力也是写作教学中要培养的一项能力。写作中运用逆向思维法，对司空见惯的似乎已成定论的事物或观点进行反向思考，可以让自己的作文鲜活而有新意。平时学生的作文往往朝一个方向思考，要么千人一面，要么盲目模仿，逆向思维法是解决这一问题的有效方法。为了锻炼学生的逆向思维能力，可以从一些俗语或成语入手训练。比如"近朱者赤"是常规观点，而"近朱者未必赤"是逆向观点；"对牛弹琴"中"牛笨"是常规观点，而"明知牛笨，还要对牛弹琴"则是逆向观点。此外，还可以通过举办辩论赛的形式，来培养学生的逆向思维。比如"人之初，性本恶"与"人之初，性本善"，"中学生使用手机利大于弊"和"中学生使用手机弊大于利"，等等。辩论赛从正反两个方面进行辩论，拓宽了学生思维的渠道，培养了他们的思辨能力。逆向思维的写作方法可以让学生走出千篇一律的泥潭，让作文新颖、活泼、深刻。

（五）发散思维法

发散思维，又称扩散思维或求异思维，是指大脑在思维时呈现一种扩散状态的思维模式。"横看成岭侧成峰，远近高低各不同"，同一个事物从不同的角度观察，会有不同的认识。比如，秦桧一直被认为是害死岳飞的元凶。事实果真如此吗？岳飞打败金兵，力主迎回被俘的宋钦宗、宋徽宗，倘若真如所愿，非嫡系的当朝皇帝该如何安放？秦桧会不会是替罪羊？或许，这样的结局未必被历史接受，但符合常理，发散了学生的思维。作文教学中，教师要着重培养学生这种多角度、多层面看问题的思维方式。这就要求教师在平时的作文训练中，筛选作文材料，选择可以从多个角度立意写作的材料，并且让学生养成作文立意时画思维导图的习惯。

三、生活化作文教学的实践研究

（一）感受生活化作文（2课时）

1. 目标设定

这是生活化作文校本课程的入门单元，重在通过各种活动来感受生活化作文，为此，本单元的学习设定了以下三个目标。

（1）研讨青年作家叶倾城的《走在每一位母亲的情怀里》，乔叶的《刀爱》，说说作者是怎样通过生活小事阐述人生道理的？

（2）思考生活的内涵，表达自己对生活的认识和思考。

（3）赏析高考佳作《罚站》《真正的文明》《抵抗习惯》，感受生活化作文的魅力。

2. 活动设置

本单元目标设定后，共通过2课时达成学习目标。

第一课时，设置了三个活动，分别是：

① 小组讨论叶倾城、乔叶的两篇文章好在哪里。

② 小组讨论读了这两篇文章后，最大的收获是什么。

③ 课堂练笔，描述对生活的精彩解读。

第二课时，设置了三个活动，分别是：

① 赏析高考佳作《罚站》《真正的文明》《抵抗习惯》。

② 小组合作探讨什么是生活化作文。

③ 每位学生拟写一件生活小事，力求折射出生活哲理（片段写作）。

（二）学写生活化作文（8课时）

1. 目标设定

这是生活化作文校本课程的第二单元，主要围绕学写生活化作文展开。本单元从最简单的"词句式"作文写起；然后通过情境作文讲座，激发学生的写作兴趣；最后探讨如何运用联想法组织作文材料，巧妙使用生活化素材，探究生活化写作的技法等，让学生真正掌握写好生活化作文的本领。

为此，本单元设定的学习目标如下。

（1）培养热爱生活、观察生活的情怀。

（2）把握生活化作文的写作技法。

2. 内容安排

本单元是生活化作文课程学习的重点单元，分8课时完成，内容为如下。

第一课时，培养学生热爱生活、观察生活的情怀。

第二课时，开展"词句式"作文户外活动课。

第三课时，情境作文，让学生爱上写作。

第四课时，观看印度电影《三傻大闹宝莱坞》，写一篇影评或者观后感。

第五课时，巧用"联想法"组织作文材料。

第六课时，巧妙使用生活化素材。

第七课时，探究生活化写作的技法。

第八课时，进行生活化作文的评点与升格。

（三）提升"生活化"作文（3课时）

1. 目标设定

通过前两个单元的学习，学生已积累了一定的写作经验，掌握了一些实用的作文技法，能够写出富有生活气息的作文。但是，学生笔下的作文并不完美，还需要修改提升。本单元主要是学习修改提升作文的方法和技能，让学生树立修改作文的意识，养成修改作文的习惯，学会科学合理地修改自己的作文。为此，本单元的学习目标如下。

（1）学会科学合理地修改提升自己的作文。

（2）树立修改作文的意识，养成修改作文的习惯。

2. 活动设置

本单元通过3课时以及相应的一系列活动达成学习目标。

第一课时，开展作文评改活动课，让学生了解评改作文的策略，并通过评改《最难忘的人》这篇文章来提升习作水平。

第二课时，举办作文专题讲座"互批互改——搭建作文交流分享的平台"。

第三课时，共同评价高考佳作《圣诞的打折》，引导学生辩证地看待满分作文。

（四）竞写生活化作文（5课时）

1. 目标设定

通过前一阶段的学习实践，学生体会到了生活化作文的精彩，并写出了许多精彩的生活化作文。本单元将开展竞写生活化作文，来展示学生独特的写作风格。作文竞赛是学生习作的催化剂，通过作文竞赛，学生能看到自己的作文水平在同龄人中的位置，知己知彼，这样才能把作文写得更好。为此，本单元的学习目标为：竞写生活化作文，展示自己独特的写作风格。

2. 活动设置

本单元由5课时组成，分别以"真实地活着""梦想与现实""回家的路""习惯""误会"为话题，限时写一篇800字以上的文章，文体不限，题目自拟。

四、生活化作文训练的模式反思

经过生活化作文教学实践，师生都取得了可喜的成绩与进步。教师通过参与校本课程的开发，提高了自己的理论水平，提升了自己的写作能力。学生不再畏惧作文，而是主动练笔。学生之间互相交流、互相启发，有效地提高了自己的写作素养。特别是一些学困生，经过了一段时间的训练，从畏惧写作到爱好写作，从无从下手到文思泉涌，从谈作文色变到兴致盎然，真正尝到了写作的甜头，也有效地提升了全班写作的整体水平。考试成绩上，学生有了显著的提升；写作习惯上，学生基本养成了善于观察、坚持积累、用心思考、每天阅读、时时写作、经常修改的良好习惯；思想情感上，绝大多数学生养成了热爱生活、积极向上的精神品质。

（一）真正确立了学生的主体地位，培养了学生的写作兴趣

（1）主体教学论强调以知识为凭借，以人文为中心，还学生以天性，还教育以人性，从以教师为主导的"教中学"转向以学习者为主体的"做中学"。而生活化作文教学法的理论和实践，正是主体教学论的体现。该教学法立足于学生写作素养的提高，重视学生的写作功底和主观感受，以激活写作兴趣为抓手，并注意分层写作，根据学生的作文水平提高情况不断调整写作训练思路，它改变了传统教师讲作文的盲目和学生写作文的糊涂状态，真正激发了学生的写作兴趣。

（2）心理学研究告诉我们：人们的任何活动都有一种企求达到成功的愿望，当目的达到时，人们就会感到满足，甚至盼望再来一次，以致对这种活动产生浓厚的兴趣。而生活化作文教学法的训练模式似乎有一种魔力，让学生克服困难，主动练笔。这主要是因为我们注重培养学生的作文兴趣。比如"词句式"作文训练，引导学生走进丰富多彩的生活中，让学生领略生活的博大和厚重之美，迸发写作的兴趣和激情，从而克服写作的惰性，解决学生作文缺乏活力的问题，从根本上促进学生保持写作的强劲惯性，大大提高他们的作文素养。又如，我们抓住现在的高中生大都富有上进心、不轻易服输、喜欢竞争的心理，及时组织他们开展作文竞赛，激发他们的写作兴趣，促进他们主动练笔，真正形成竞写的状态。

（二）转变了师生观念，提升了作文教学品位

高中生活化作文校本课程的研究实践，发挥先进的教育思想和教育理论对教学的指导作用，为教师探索出了一条以实践为基础，以理论为支撑，以方法为引领的作文教学路径，改变了不少教师头脑中的作文高耗低效的观念，促进教师思考和探讨生活化作文教学的策略。在实践过程中，教师积极参与，不断探索，不仅提高了素养，更是认识到教育科研对教学的带动和引领作用。对学生而言，他们不但不再畏惧作文，而且主动写作，甚至把写作看成生活的需要。

在两年的生活化作文教学实践中，我们不断冲击传统的作文训练思路，加强学生的自主训练，把学生从题海中解放出来，让学生自由、主动地练笔，并通过互动评改作文、作文升格、教师个性化指导等途径，促进学生作文水平的整体提高。两年来，实验班学生的作文水平不断提高，取得了可喜的成绩；参与生活化作文训练教学的班级在历次抽测中均取得了作文平均分高出普通班级3～5分的成绩；很多学生在各级作文大赛中获奖。

生活化作文教学研究的成果更新了教育理念，提高了教师的业务能力，进一步增强了教师投入教育教学改革的意识。生活化作文教学训练的实践，不仅真正减轻了教与学的沉重负担，而且积累了通过作文育人的方法。

（三）成果辐射周边学校，扩大了成果的影响力

生活化作文教学实践探索出一条适合我校师生的生活化作文教学道路，取得了良好成效。归纳总结的生活化作文教学"五步四环节"科研成果，被化州市实验中学、化州市第二中学、化州市职业技术学校、化州市良光中学等校推广使用，受到学校师生的欢迎与赞誉，为提高学生语文学科成绩夯实了基础。

生活化作文教学研究虽然探索出了一些行之有效的生活化作文教学的方法，但是限于实际的教学实践时间不足，教师的学识、写作教研能力的不同等，还存在着一些问题和不足。首先，生活化作文校本课程的研究是一个不断修改、不断完善的过程。时间不同，学生不同，校本课程的内容也是不同的。限于学校师生的实际情况，该课程研究的理论水平不高。为此，该教学研究需要以实事求是的态度，遵循"实践→认识→再实践→再认识"的原则，提升课程的理论水平和实践的可操作性。其次，学生写作水平的真正提升，还需要有相当的阅读水平为基础。高中生迫于学业的压力，用于阅读的时间很少，阅读量不够，因此，即使有专门的生活化作文的课程，学生还是不能写出大量的有个性而又思想深刻的生活化作文。

总之，生活化作文教学的校本课程研究路漫漫其修远兮，我们将继续努力探索，也希望我们的研究能给予其他学校一点帮助。

第四章

学科素养与人文素养

在高中语文教育教学中，学科核心素养既体现了语文的特质，又契合了学生语文能力与成长的需要。语文是人文学科的基础，学好语文，能够提升高中生的人文素养，使学生受益终身。学科素养和人文素养与现实生活有着密切的关系，学科素养让高中生在生活中更好地应用语文知识，而人文素养则让高中生在当下和未来生活中体现更好的素养，并且赢得更美好的生活。

第一节　学科素养

20世纪末，联合国教科文组织以及欧美发达国家教育界通过研究发现：在一个知识增长迅猛以及知识获取相对容易的新时代，纯粹的知识学习对个体发展的影响正在减少，而对每个人来说，在未来学习、生活、研究以及职业生涯中，若干种核心技能与关键素质起着决定性作用，因此教育必须重视此类技能与素质的培养，此即为核心素养理念。核心素养理念对各国教育界都产生了巨大的影响，各个国家和地区根据自身特点，确定了本国教育教学中的核心素养培养目标与要求。

一、核心素养的研究与发展

核心素养是指个体成长与发展中所需要的关键素质和核心能力。针对核心素养的研究，不仅有联合国、欧盟等国际组织，不同国家也根据本国的实际发展情况，提出了有特色的培养目标与要求。

（一）联合国对核心素养的研究

国际组织和欧美发达国家对核心素养的研究相对较早，但是研究侧重点和内容因实际情况的不同存在一定的差异。从核心素养的本质来讲，国外早期教育学和心理学中的能力发展研究可以视为核心素养研究的雏形，它强调的是能力的发展，并非知识的传承。

当代国外对核心素养的研究和定义并不一样，而且开展核心素养研究的主要为一些国际或区域组织。1997年，经济合作与发展组织（OECD）、联合国教科文组织（UNESCO）、欧盟（EU）等国际组织开始对核心素养进行研究。尽管不同组织核心素养的具体定义和发展框架存在一定差异，具体内容也不尽相同，但是在一些核心内容，诸如信息技术素养、社会责任感、社会沟通、人文艺术素养、科技素养、创造力素养、个人发展、国际意识等方面具有一定的相通性，其核心目标都是培养能够适应未来社会发展的人，帮助个人更好地实现成长，并且获得更好的职业及人生发展。[①]

1997年12月，经济合作与发展组织确定启动"素养的界定与遴选：理论和概念基础"项目，经过研究确定了三个维度、九项素养。维度之一：工具素养，要求能互动地使用工具，涉及语言、符号和文本，知识和信息，（新）技术三个方面的工具应用。维度之二：适应性素养，要求能在异质群体中进行互动，涉及适应环境、个人规划、权利与义务三个方面的内容。维度之三：社会交流沟通素养，要求能够自律自主地行动，涉及团队合作、良好沟通、管理与冲突三个方面的内容。由此可见，经济合作与发展组织核心素养主要强调的是社会性能，而没有涉及基础教育，但是为学科素养发展奠定了理论基础。

---

① 杨志宏.谈核心素养视角下的家庭教育［J］.当代教育实践与教学研究（电子版），
　2018（4）：264.

2006年12月，欧盟基于欧洲当时教育情况，提议并通过了"核心素养"议案。按照议案，欧洲国家的教育及培养系统注重八类具体核心素养的培养：使用母语交流的能力、使用外语交流的能力（语言角度）、数学素养与科技素养（数学与科技角度）、数字化素养（信息角度）、主动与创新意识学习（学习角度）、社会和公民素养（社会角度）、主动与创新意识（创造力角度）以及文化意识与表达（艺术角度）。每一种核心素养又分为知识、技能和态度，不仅强调知识的传授，更强调技能的掌握，还强调持续学习和提升的态度。欧盟提出核心素养的目的是让欧洲的教育与培养系统能够培养适应未来社会的人才，并且致力于将个人发展与社会发展有机融合和有效匹配。

联合国教科文组织作为世界上影响力最大的教育组织，于2013年2月提出了一份《走向终身学习——每位儿童应该学什么》的报告。该报告基于"人本主义"，认为核心素养的培养目标应从"工具性目标"（把人培养为优质的、优秀的、高效率的生产工具）转变为"人本性目标"（让人实现自身的成长与发展，包括体验、情感、思维、智力、生理等方面）。该报告针对基础教育阶段，提出了身体健康（生理角度）、社会情绪（社会心理角度）、文化艺术（文艺角度）、文字沟通（语言角度）、学习方法与认知（学习角度）、数字与数学（数理角度）、科学与技术（科技角度）七个维度的核心素养。与欧盟的核心素养相比，联合国教科文组织的核心素养对创造力和公民素养的重视程度不够。

（二）世界不同国家核心素养的研究

上文是国际组织对核心素养的研究，具体到不同国家，也各有特色。

自20世纪80年代以来，澳大利亚为了更好地应对社会发展，培养人才，正式启动了建国以来最大规模、影响深远且当前还在深入进行的课程改革活动，此次课程改革活动为澳大利亚核心素养的提出奠定了实践基础。经过二三十年的课程改革，澳大利亚于2008年发布了《墨尔本宣言》，认为澳大利亚公民应该具备读写（语言文字角度）、计算（数理角度）、信息和通用技术（信息、技术角度）、批判性和创造性思维（思维角度）、道德行为（道德角度）、个人和社会能力（社会角度）及跨文化理解（社会文化角度）七项通用能力，并且对基础教育的学科核心素养按照水平描述、内容描述、成就标准三个主题进行评价，目的是让澳大利亚公民适应未来社会发展。①澳大利亚核心素养的特色之一，在于"跨文化理解"的核心素养，这与澳大利亚是一个多种族、多元文化的移民国家有关。

英国作为传统教育强国，对核心素养的研究比较早，也比较深入。1999年，英国发布《英国国家课程标准》，要求教育建立"追求卓越"的目标。2007年，英国对《英国国家课程标准》进行了修订，从课程标准、学科价值及重要性、学科核心概念理解与掌握、学习关键过程以及课程内容范围等多个角度来阐述学生发展所需具备的核心素养。与其他国家相比，英国学科核心素养更强调跨领域特色以及学科内容的个性要求。

作为世界教育强国，美国的核心素养主要体现在2002年制定的《"21世纪素养"框架》中。该框架在2007年得到进一步完善，它的基础是"核心学科与21世纪主题"，强调的是未来发展与核心学科要求，具体分为学

---

① 谢明辉. 澳大利亚"墨尔本宣言"［J］. 思想理论教育，2010（12）：97-98.

习与创新技能（学习创新角度，强调批判性思维和创造能力以及解决问题的能力），信息、媒体与技术技能（信息媒体技术角度，强调运用信息媒体进行交流，具备良好的科学意识和素养），生活与职业技能（生活职业角度，强调社会生活的适应性和责任感，能够适应职业发展需要，具备领导能力和基础技能）三个领域，支撑这三个领域核心素养的学科学习标准为标准与评价、课程与教学、教师专业发展、学习环境（见图4-1）。[①]

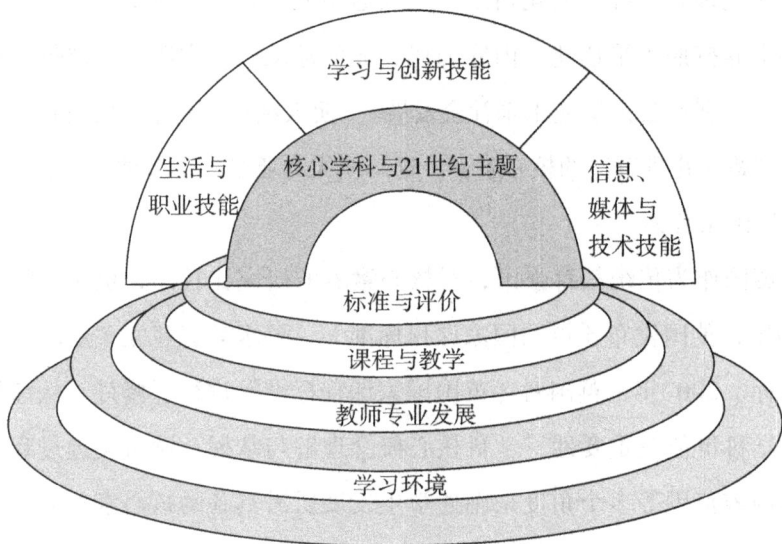

图4-1　美国"21世纪素养"框架

新加坡是亚洲教育比较发达的国家，它于2010年3月公布了"21世纪素养"框架（见图4-2）。新加坡核心素养建立在一系列核心价值观之上，这些价值观包括尊重、负责、正直、关爱、坚毅不屈、和谐，主要涉

---

① 师曼，刘晟，刘霞，等.21世纪核心素养的框架及要素研究［J］.华东师范大学学报（教育科学版），2016（3）：29-37+115.

及社会层面。围绕核心价值观，发展出人际关系、社会意识、自我意识、自我管理、有效且负责任的决策等核心思维要求，然后进一步拓展为公民素养、全球意识和跨文化交流技能（新加坡作为一个全球化程度较高、种族和文化多元化的国家，全球意识和跨文化交流是其发展的根本），交流、合作和信息技能（新加坡国土面积较小，需要依赖国际合作实现发展，需要通过信息技术掌握先进科技），批判性、创新性思维（新加坡经济体量相对较小，要想维持社会发展，必须注重创造性，提升人才培养质量，防止社会发展陷入停滞状态）。[①]新加坡核心素养更强调社会属性，尤其是全球意识和合作意识方面的素养要求比较突出。由其框架可见，新加坡核心素养致力于培养充满自信、主动学习、积极奉献和心系祖国的公民，这与新加坡的社会发展要求和目标基本一致。

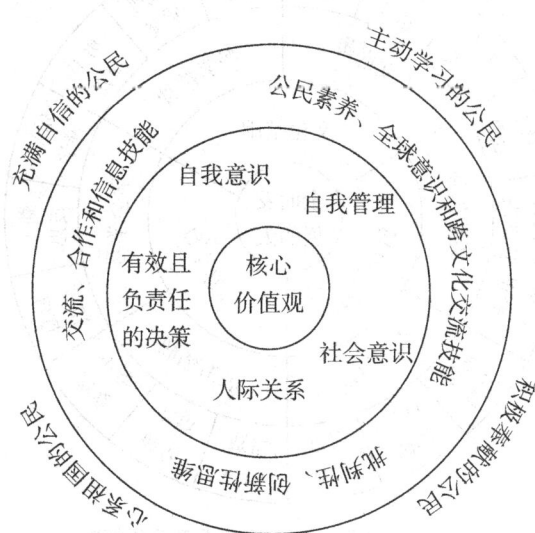

图4-2　新加坡"21世纪素养"框架

---

① 师曼，周平艳，陈有义，等. 新加坡21世纪素养教育的学校实践［J］. 人民教育，2016（20）：68-74.

（三）中国对核心素养的研究

2014年，教育部正式公布了《关于全面深化课程改革 落实立德树人根本任务的意见》，强调了教育的根本目的是"立德树人"，要求教育改革要重视人的发展，要重视人的能力及素质的培养。

2016年，《中国学生发展核心素养》正式发布，成为中国核心素养教育发展的指导文件。从基本原则来看，中国基础教育的核心素养强调科学性、时代性和民族性；从培养目标来看，致力于培养"全面发展的人"；从内容角度来看，包括文化基础、自主发展、社会参与；从具体素养来看，主要涉及人文底蕴、科学精神、学会学习、健康生活、责任担当、实

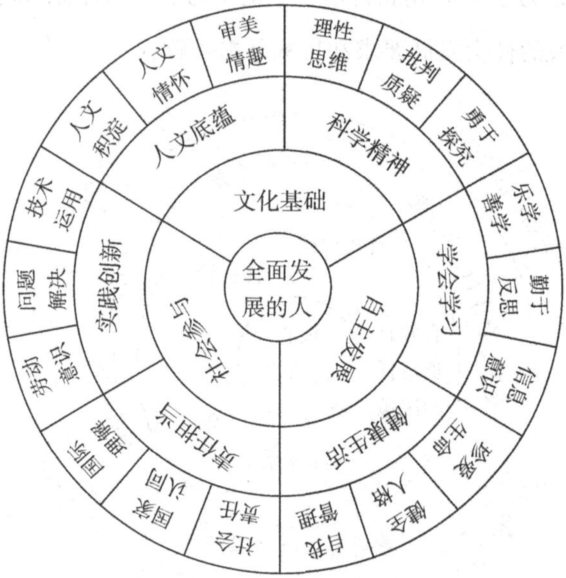

图4-3 中国学生发展核心素养总体框架

践创新，具体细化为国家认同等十八个基本要点（见图4-3）。[①]基于这一总体框架，各级政府或各级教育机构可针对学生年龄特点或者当地教育的特点，进一步提出各学段学生的具体表现要求，符合核心素养精神和总体原则即可。

二、语文学科核心素养基本内涵

中国教育界根据不同学科的教育特点，结合学生成长所需要的核心素养能力，认为不同的学科有助于培养学生不同的核心素养，建立了一整套学科核心素养体系。学科核心素养体系的提出，促进了中国基础教育中学生核心素养培养目标的具体化与标准化，是核心素养培养目标落实的重要步骤之一。语文学科核心素养既与语文学科特点相关，又注重学生的个体成长，具体内容和解读如下。

（一）语言建构与运用

语言建构与运用是一种基础能力，也是关键能力。现实生活中，有些人无法准确完整地通过写作或者口语表达一件事情，或者有些人在使用某些语言的时候，所用词语和应用场景不符合，这都是语言建构与运用能力欠缺的表现。

语言建构与运用是指学生在丰富的语言实践中，通过主动的积累、梳理和整合，逐步掌握语言体系中语言文字特点及其运用规律，形成个体的言语经验，在具体的语言情境中正确有效地运用语言文字进行交流沟通的能力。语言建构与运用是语文核心素养的重要组成部分，也是语文素养整

---

① 一帆.《中国学生发展核心素养》总体框架正式发布［J］.中小学信息技术教育，
　　2016（10）：5.

体结构的基础层面。[①]学生语文运用能力的形成、思维品质与审美品质的发展、对文化的传承与理解，都是以语言建构与运用为基础，并在学生个体言语经验的建构过程中得以实现的。学生语言建构与运用的水平是其语文素养的重要表现之一。

作为高中生，应该能积累较为丰富的语言材料和言语活动经验，具有良好的语感；能在已经积累的语言材料间建立起有机的联系，能将自己获得的语言材料整合成有结构的系统；能理解并掌握语言文字运用的基本规律，能凭借语感和语言运用规律有效地完成交际活动；能依据具体的语言情境有效地运用口头和书面语言与不同的对象交流沟通，能将具体的语言作品置于特定的交际情境和历史文化情境中理解、分析与评价；能通过梳理和整合，将自己获得的言语活动经验转化为富有个性的具体的语文学习方法和策略，并能在语言实践中自觉地运用。

（二）思维发展与提升

思维发展与提升是指学生在语文学习过程中获得的思维能力的发展和思维品质的提升。语言思维是一种高级的语言能力，如能够发现别人语言中隐含的表达，能够抓住别人表达中的逻辑，尤其是在与人对话交流时，能够发现对方语言逻辑存在的问题，并且抓住这些问题进行反击，同时准确表达自己的想法，或者利用语言技巧来达到沟通的目的，都是语言思维提升的体现。

语言的发展与思维的发展相互依存、相辅相成。因此，思维发展与提升也是学生语文核心素养的重要组成部分，是学生语文素养形成和发展的

---

① 凌智敏. 基于语言建构与运用的初中语文名著导读教学研究［D］. 长沙：湖南师范大学，2020.

重要表征之一。如高中生在进行作文创作时，对文章整体布局的把握，对写作技巧的合理选择与运用，对文章立意的确定与表达，都与语言思维发展有着密切的关系。

作为高中生，应该能获得对语言和文学形象的直觉体验；能在阅读与鉴赏、表达与交流、梳理与探究活动中运用联想和想象，丰富自己对现实生活和文学形象的感受与理解，丰富自己的经验与语言表达；能够辨识、分析、比较、归纳和概括基本的语言现象与文学形象，并能有依据、有条理地表达自己的观点和发现；能运用基本的语言规律和逻辑规则分析、判别语言，有效地运用口头语言和书面语言与人交流沟通，准确、清晰、生动、有逻辑性地表达自己的认识；能运用批判性思维审视言语作品，探究和发现语言现象和文学现象，形成自己对语言和文学的认识；能自觉分析和反思自己的言语活动经验，提高语言运用的能力和思维的深刻性、灵活性、敏捷性、批判性、独创性。

（三）审美鉴赏与创造

审美鉴赏与创造是指学生在语文活动中体验、欣赏、评价、表现和创造美的能力及品质。审美能力是语文学科核心素养的一种深层次能力。阅读文章时，能够与读者产生心灵或情感上的共鸣，能够真切体验感受到创作者当时的心境，能够发现其中蕴含的景色之美或精神之美，都是审美能力与情趣的体现。审美是一种高级的语言思维活动，具备审美素养的人，语言表达精准且优美，如看见大好河山就会涌现出对应的诗句，而不是只会简单的一句"好美啊"。

语文活动是人形成审美体验、发展审美能力的重要途径。在语文学习中，学生是通过阅读鉴赏优秀作品、品味语言艺术而体验丰富情感、激发审美想象、感受思想魅力、领悟人生哲理，并逐渐学会运用口语和书面语言表现美与创造美，形成自觉的审美意识和审美能力，养成高雅的审美情趣和高尚的审美品位。[①]因此，审美鉴赏与创造是学生语文核心素养的重要组成部分，也是其语文素养形成和发展的重要表征之一。

作为高中生，应该能感受语言文字独特的美，表现出热爱祖国语言文字的感情；能感受和体验语言文字作品所表现的形象美与情感美，能欣赏、鉴别和评价不同时代、不同风格的语言与文学作品，分析其思想情感和语言特点，具有正确的价值观、高雅的审美情趣和高尚的审美品位；能运用语言文字表达自己的审美体验，表现自己对美好事物的情感、态度和价值观，表现和创造自己心中的美好形象，具有创新意识。

（四）文化传承与理解

文化传承与理解是指学生在语文学习中，继承中华优秀传统文化，理解、借鉴不同民族和地区文化的能力，以及在语文学习过程中表现出来的文化视野、文化自觉的意识和文化自信的态度。中华文化源远流长，在加速实现中华民族伟大复兴的今天，增强民族自信心，增强文化自信变得尤为重要。传承文化和理解文化是语文教学的重要目的之一。先秦时代的《诗经》与诸子百家、秦汉诗赋、魏晋玄学、唐诗宋词、元代戏曲、明清小说等，在中国文学文化史上创造了一个个巅峰，它们都是中华文化的瑰宝，也是中国当代思想和文化的基因沉淀与传承。学习语文，自然要继承古典文化，理解古代文化，从而提高自身文化素养与能力。

语言文字是文化的载体，也是文化的重要组成部分。学习语言文字的过程也是文化获得的过程。通过语言文字的学习，实现文化的传承是语文

---

① 刘陵瑜.落实审美教育理念　培养学生阅读能力［J］.中学语文，2020（18）：17-18.

核心素养的重要组成部分，也是学生语文素养形成和发展的重要表征之一。当然，学好语文也是创造当代文化的基础，当代人创造的经典文学文化作品也会流传后世，成为后代人的精神文化财富。

作为高中生，应该能借助语言文字，体会中华文化的博大精深、源远流长，继承中华优秀传统文化，理解并认同中华文化，形成热爱中华文化的感情，提高道德修养，增强文化自信；能借助语言文字的学习，初步理解、包容和借鉴不同民族、不同区域、不同国家的文化，尊重文化的多样性，吸收人类文化的精华；能关注并积极参与当代文化传播与交流，在运用祖国语言文字的过程中，提高自己的文化自觉，初步形成对个人与国家、个人与社会、个人与自然关系的思考和认识，树立积极向上的人生理想，增强为民族振兴而努力的使命感和社会责任感。

三、语文学科核心素养解读

学科核心素养是我国教育方针的具体化表现与落实路径，也是宏观教学观念、教育目标、具体教学实践与学生成长和发展之间的桥梁。语文学科核心素养涉及"语言建构与运用""思维发展与提升""审美鉴赏和创造""文化传承和理解"四个方面。对语文学科核心素养的解读可以从如下几个层次进行，从而更好地在教学实践中推动语文学科核心素养培养。

（一）必要的语文基础知识学习与掌握

在核心素养培养目标提出之后，语文教学中出现了一种极端的非理性思维，即忽视基础知识教育，用素质能力培养来掩盖知识教育的不足。实际上，不论哪一门学科，基础知识都非常重要，语文学科亦是如此。脱离了基础知识，单纯地探讨能力培养是错误的，因为没有基础知识作为根基，能力发展根本无从谈起。在高中语文教学实践中，教师和学生都不应否定语文基础知识对语文学习的引导效果，不重视语文基础知识教育，很容易导致语文教学陷入非理性主义的泥潭。

你能想象一个阅读量很少、文章创作基本技巧都没有的人，能够写出一篇精彩的文章吗？你能想象一个字词含义都不理解的人，能够在与人交流的过程中精准地使用成语表达吗？你能想象一个连古典文学都没有读过的人，能够对古典文化做出合理的理解与经典的评价吗？实际上这些都是不能的，没有必要的基础知识学习与掌握，谈能力与素养发展就如同空中楼阁，是虚幻的，不切实际的。

（二）丰富的语文知识积累

古今中外的文化传承了无数的经典，总体而言，语文知识非常丰富，如同一片浩瀚的海洋，高中生接触到的仅仅是语文知识海洋的一角。对高中生语文学习而言，最重要的是各种语文知识的积累：通过阅读近现代文学作品，积累关于近现代文学作品的语文知识；通过阅读外国作家经典作品，积累关于外国文学的语文知识；通过阅读古典文学作品，积累关于古代文字、语法、作品思想以及创作者信息的语文知识。除了丰富的文学层面的语文知识外，还可以积累科技说明文、写作技巧等诸多方面的语文知识。

高中生丰富自身语文知识积累，不仅是为了取得更好的高考语文成绩，更是为了提高自身语文素养。当高中生通过阅读积累了丰富的古典文学知识时，不仅可以更好地解答高考语文测试中的古典文学题目，而且能对中国经典文化有相对全面的认知，能够运用其中的思想来分析文化现象，并在与人交流时，能够表现出良好的传统文化素养。考虑到高中语文学习具有一定的特殊性，主要是对一篇篇具体的范文进行探索，这就需要教师在语文教学中引导学生积累丰富的语言材料，通过量的积累，实现质的提升。

（三）熟练的语言能力应用技能

语文学科本身带有工具性特质，因此高中语文教学若想培养学生的语文学科核心素养，让学生掌握良好的语言能力应用技能是必要的。在高中语文教学中，教师必须引导学生通过丰富的语言实践，逐步提高自身的语言技能，如查阅古文字典能力、朗读能力（言辞清晰，情感饱满）、语言表达能力（逻辑对话与演讲能力）、文本理解能力（掌握要点、阅读速度与技巧）、写作能力等。

教师可以培养文本阅读能力为主，给学生一份阅读材料，让学生第一时间通过题目和迅速浏览判断阅读材料的性质，如文学作品、说明材料、科普知识等；然后迅速确定阅读材料所要达到的目的，是学习知识，还是感悟人生，或是对材料蕴含的内容进行细致分析；最后运用所学的语文知识，基于目的选择合适的方式对材料进行解读，达到阅读能力提升的目的。其他方面的能力发展亦是如此。熟练的语言能力应用技能，是高中生语文核心素养发展的表现之一。

（四）良好的语文思维能力培养

很多高中生存在一种认知误区，认为语文是"死记硬背"，只需要记忆力好即可，而不需要理性的逻辑思维。实则不然，语文思维是一种高层次的人文思维，甚至还带有理性逻辑特征。以辩论赛为例，同样的材料，同样的主题，不同语文思维能力的人，说出来的话以及话语中的逻辑力量和论证技巧都不一样。在古代，张仪能够在列国之间展开"合纵连横"，凭区区三寸之舌搅动天下大局，这就是语文思维的魅力，因为他们能够用语言准确分析当前局势，并阐述和勾勒一个新的历史局面，所以能够说服列国贵族和王族按照其意思行事。诸葛亮舌战群儒，靠的并不是声音大，而是高级的语文思维，能够看透时代与社会的格局，从而提出了最有价值和最合理的做法。

对高中生来说，所学的文字和教材都差不多，但是不同学生写出来的文章、说出来的话却有着巨大的差别，这种差别的原因并非语文基础知识，毕竟大家所学的基础知识，如文字掌握数量、阅读教材数量，差距并非特别大，真正造成差别的是语文思维能力。实际上，语文学科核心素养培养的目标就是语文思维的形成，尤其是语文理性思维、语文逻辑思维、语文情感思维，它们才是语文能力发展的关键与核心。

（五）良好的文化素养与行为举止

良好的文化素养是语文学科核心素养的体现之一。在社会交往中，礼貌用语是最基础的文化素养，然而不少人却言语低俗，这就是缺乏文化素养的表现，有时候很简单的事情却因为低俗的语言引发冲突，最终造成不良后果。在高中语文教学中，教师应该让学生在语文鉴赏中接受高尚情操的熏陶，逐步提高学生的文化素养、品位、审美素养，培养学生良好的文化态度，促进学生文化素养的提升。文化素养对高中生当下和未来生活与职业发展都有益处，试想一下，谁不喜欢说话有道理且出口成章的人呢？提高文化素养的方式很丰富，如多阅读、多写作、多表达等。总之，良好的文化素养能对学生的成长发挥积极作用。

行为举止与文化素养有着密切关系，文化素养较高的人，其行为举止更优雅。同样都是要求别人帮忙，有的人直接喊或者命令，有文化素养的人则会使用"请"等带有商量请求语气的词语，更容易得到别人的认可与帮助。因此，高中语文教师在日常教学中应该注意培养学生文明的言行举止和儒雅气质，让学生可以在人际交往中做到谈吐文雅、端庄大方，在不同场合可以应用不同措辞。

（六）良好的语文学习习惯

在教学中，教师应该更多地教给学生学习的技巧，引导学生养成良好的学习习惯。以阅读积累为例，教师可以在课堂上引导学生阅读，让他们积累各种阅读资料，但仅仅局限于课堂阅读是远远不够的，学生还要在课外进行广泛阅读，这就需要语文学习习惯的支撑。在高中语文教学中，教师应该明白"教是为了不教"，引导学生养成良好的语文学习习惯，让学生实现自主学习、合作学习、探究学习，从而促进学生综合发展。语文核心素养是学生面对具体的现实生活情境，在分析情境、发现问题、提出问题、解决问题、交流结果的过程中表现出来的综合性品质。语文核心素养是内隐的，需要借助阅读与鉴赏、表达与交流、梳理与探究等语文学习活动显现出来，也需要在上述语文学习活动中发展、提升。

语文学习习惯的养成并不容易，阅读习惯、写作习惯、表达习惯等都需教师要有意识地去引导和培养。如让学生每天晚上睡觉之前阅读经典作品30~60分钟，不是那种休闲式阅读，而是一边阅读一边思考，并做好读书笔记。古往今来，能够在某一领域有所成就的人，必然拥有良好的学习习惯。高中生若想培养良好的语文学科核心素养，则良好的学习习惯培养是必然要求。语文核心素养具有基础性、时代性、生长性、表现性等特质。高中语文教学应既关注学生的外在需求，也关注学生的内在完善，对于高中学生来说，他们需要在这样的氛围中提升语感、情感、思想，养成良好的学习习惯，这对高中生语文核心素养的发展是有价值的。

四、语文学科核心素养培养路径

若想培养学生的语文学科核心素养，必须找到合适的培养路径，方能达到比较好的培养效果与培养质量。

（一）立足听读说写等基本语文技能训练

语言学习离不开听、说、读、写这四个环节，听说读写能力为语文基本技能。在高中语文教学实践中，应继续将这四个环节落到实处，也有必要对这四个环节进行创新。在课内与课外实施语文教学时，我们需要通过拓宽、应用、反思、构建来展开这四个环节。

例如，为拓宽学生阅读视野，教师不仅要在课堂教学过程中布置课内阅读任务，引导学生掌握阅读技巧与方法，还要鼓励学生积极开展课外阅读，向学生推介课外阅读篇目，让学生在自主阅读过程中慢慢建立兴趣。作为高中语文教师，对学生的阅读范围与阅读培养应该更有经验，以便在引导学生阅读方面可以帮助学生"精挑细选"，让学生"好好学习"。在推介课外阅读书目时，教师应充分考虑教学目标以及不同学生的阅读实际，如《三国演义》《儒林外史》《红楼梦》《飘》《家》《雷雨》《活着》《巴黎圣母院》《老人与海》《哈姆雷特》《复活》等，每个学生只要选择其中三到五本进行阅读即可。在学生自主阅读的过程中，教师可专门建立课外阅读网络交流平台，发动学生参与阅读讨论，积极鼓励学生发表阅读体验。为了帮助学生培养语感，在阅读过程中要为学生创建更多的表达机会，利用好课前几分钟的语言展示、课堂中的辩论与交流、第二课堂中的角色扮演活动与学习答辩活动等。在应用合作交流方式时，可以创造更好的交流情境。如学习《林黛玉进贾府》的过程中，教师可以设计一个小组学习活动：以学习小组为单位，开展一次"小小红学会"讨论活动，针对课文内容，对林黛玉、贾宝玉、王熙凤等人物的性格特点展开讨论。在学生开口表达的过程中，他们既积极参与了课堂，又应用了自己的能力，有了更多组织、应用语言的机会，语文素养自然得到了发展。

（二）引导学生从"学会"转变为"会学"

从核心素养养成理念来说，学生需要实现从"学会"向"会学"转变，方能实现核心素养培养目标。在传统的高中语文教学实践中，很多时候学生仅仅是"学会"，而不是会学。如学生学习了一篇古文，能够了解古文的含义，对古文的文字、语法也有了解，但是遇到一篇新的古文却又没有了主意，不知道该如何下手。

在高中语文教学中，教师要将思维作为学生学习语文的起点，让学生多想，多做，在想中记，在做中学；要注意让学生把握知识的内涵，而不仅仅停留在"读、说、写"的层面。例如，在讲解《道士塔》一文时，学生会很容易地了解到王道士的无知、外国人的贪婪。这时教师要适时引导，让学生知道根源在于清政府的腐败无能，这样就使学生的认识从现象上升到了本质。在高中语文课堂中，我们不必过分关注标准答案的记忆，也不必将"专家""参考书"作为学生学习的唯一内容，而应该让学生尝试在学习中融入自己的思维、自己的感悟。如在学习《林黛玉进贾府》时，可让学生思考宝黛初次见面时为什么有似曾相识之感，作者为什么要浓墨重彩地写王熙凤的笑声。这些思维源点能有效促使学生深层次探究文本，激发学生思维的火花。

（三）逐层实现语文教学目标

语文核心素养培养目标的实现是一个动态过程，应该是有节奏、有层次的，急功近利只会适得其反。在传统高中语文教学实践中，由于升学压力等因素，教师与学生往往会不自觉地急功近利，甚至引发学生的学习倦怠情绪，导致核心素养培养出现问题。

在学生语文学科核心素养养成的过程中，教师应发挥自己的教学能力，将学生的"学"从小目标提升为大目标，把会学能力转变为创新能力。语文学习的内核是语言层次，这个层次更多地关注词汇、句子、修辞、语法等，任何语言的学习都要由此起步。语文是语言学科，就人才类型而言，按照多元智能理论，其培养的人才也应归入语言领域。语文学习一定是先具有语言优势，进而才能发展文学水平、文化水平等。作为高中语文教育一线的教师，我们应明了这些在高中学段同样是教学的主要内容，是小目标的主要构成部分。这是高中语文教学的第一个层次。第二个层次是古今中外的经典作品。文学的意义就在于把人类最美好的语言、最美好的情感与思想等通过文章形式呈现给大众，成为教育的样本。教师在解读这些作品时，要融入学生的生活，让学生用自己的体验与作者对话，与教师、同学进行思想、情感的深度交流。第三个层次是文化和哲学层次，也是"大语文"观的深刻内涵，更是语文知识、素养的升华。只有落实了第三个层次的语文教学，学生才能形成"信仰"，养成内在的"会学惯性"，从而更为客观地了解生活。

（四）引导语文教学从生活出发并回归生活

学习语文的过程中，生活才是学习目标之本，当然也是学生的发展之本。在高中语文教学实践中，学生学习的是生活资源，包括"真实的生活资源""凝华的生活资源""美化的生活资源"。学生在学习这些生活资源时，成了生活的一员，形成了面向生活的语文能力。在传统的语文教育教学实践中，学生很容易缺乏"生活气息"。因此在落实核心素养教育理念时，要从生活出发让学生学习语文。语文来自生活，同时其最终价值的体现也在于生活，这意味着语文教学终究要回归生活。

如《冬天之美》这篇文章流露出的就是对生活之美的敏感。文章前半部分是对自然环境之美的敏感，后半部分是对人文环境之美的敏感，这无疑可以让学生感受大自然之美与作者的思想之美、情感之美。再如，通过特殊历史时期见证者巴金先生的《小狗包弟》，学生可以感受那个特殊时代里人们的生活，窥视中华民族那段不被我们熟悉的历史。如何才能让生活阅历少、缺乏生活经验的高中学生了解文中深刻的内涵呢？这就需要教师从生活出发，引导学生敞开心扉，慢慢品读其中"刻骨铭心"的情感与思想。"在我吞了两片眠尔通……就这样可耻地开始了十年浩劫中逆来顺受的苦难生活。""自己终于也变成了包弟……我好像做了一场大梦。""满身的创伤使我的心仿佛又给放在油锅里煎熬。""这样的煎熬是不会有终结的……"[①]在学生体会到这些真实而深邃的生活情感之后，会自然地拥有生活气息，而我们的高中语文教学也便拥有了无限的魅力与强大的活力。

此外，语文教科书中有非常多的优秀作品，教师可挖掘并利用这些资源，引导学生在审美的过程中形成深邃的思想。在落实核心素养教育理念时，应关注德育素材的融入与应用，让学生学会以己度人，成为社会大环境中的正能量来源和品学兼优的建设者，这样，我们的国家才能沿着良性轨道不断前行。

（五）努力构建和谐民主的语文课堂

课堂依旧是语文教学的核心阵地，若把高中生语文学科核心素养视为一棵小苗，那么课堂就是小心翼翼为这棵小苗成长创造氛围与环境的重要土壤。在高中语文教学中，应努力构建一个和谐民主的语文课堂，让学生的核心素养在课堂教学中得到成长与发展。和谐，是学生与教师之间和谐互动，教师用心引导，学生积极沟通，形成一种和谐舒适的学习成长环

---

① 张勇. "自己终于也变成了包弟"——《小狗包弟》重读 [J]. 中学语文教学，2019（1）：57-58.

境；民主，则主要是为了给予学生更多的学习自主权与表达权，让学生作为学习的主体在课堂上进行民主表达，阐述不同意见，也可以对教师的教学方法和模式提出自己的要求与想法。

　　要想让学生成为好"学"生，我们就需要在课堂中营造"学"的氛围，要想让学生有创新精神，我们就需要为学生搭建创新的平台与氛围，就需要改变传统的教师教、学生学的固定模式，将灌输式讲解改为辩论式讲解。以鲁迅先生的《少年闰土》为例，书中对少年闰土的描写是有活力的，但中年闰土与少年闰土的表现对比才是精髓，才是鲁迅想要表达的深层含义。教师可以设置问题："闰土变化的原因是什么？鲁迅想要表达的是一种什么观点或者想法？"这样，学生就会积极地寻求答案，并肯定教师的指导。此外，为了给予学生更多的学习空间和时间，教师应注意改变教学氛围，重视师生之间人际关系的建立，让学生在学习语文知识的同时拥有健康的社会情感。

第二节　生活语文中的人文素养

人文素养是语文教育教学的核心目标之一。党和政府提出全面贯彻教育方针，落实立德树人工作。普通高中立德树人就是培育学生的社会主义核心价值观和核心素养。高中语文教学要把培育学生人文素养作为立德树人的价值追求。高中生要想适应未来社会发展以及提高自身的文化知识水平，就应该强化自身的人文素养。语文学科在落实立德树人的理念、培养学生核心素养的过程中，更应该提升学生的人文素养。

一、高中生人文素养培养的重要意义

人文素养的"人文"包含两个方面：一个是"人"的方面，它代表了一种理想的人性，即什么样的人是理想的人，什么样的人性让我们的生活更有意义；另一个是"文"的方面，它代表了人的智慧，是人的内在美德得以养成和外在善行得以自觉表现的媒介。人文外在表现为人文素养，就是对人类真善美永恒追求的人文精神。提升高中生的人文素养，是其个体成长与发展、高中语文教育教学发展以及社会发展与进步的需要。

（一）高中生个体发展与成长的需要

马斯洛需求层次理论告诉我们：生理和安全的需求是人的最低需求，人在满足最低需求以后，就会产生更高层次的情感和归属的需求、尊重和自我实现的需求。人文素养就是更高层次需求的表现与内容。中国古代哲学认为个体之间"性相近，习相远"，意味着每个生命个体的人文素养都不是天生的，而是通过后天的生活、学习、工作实践产生的。人文素养对个体的终身发展具有基础性作用，一个缺乏人文素养的人，不会去追求更高的道德境界；一个缺乏人文素养的人，也不会去思考能够为社会承担什么责任，更不会去学习服务社会的本领。教师采用符合高中阶段年龄特征的方法来提升学生的人文素养，对学生的健康发展是至关重要的，也是学生个体发展的迫切需要。

对高中生来说，人文素养的价值不仅体现在语文成绩与语文能力的提升，更体现在个体的成长与发展。拥有良好的人文素养，学生未来的生活能更有品质，更有质量。如在与人沟通时，能够展示儒雅的谈吐；或者在公开场合，能够发表激情的演讲；或者在心血来潮的时候，能够吟诵诗歌表达情感或者创作美文。人文素养满足的是人的精神成长需要。

（二）高中语文教育教学发展的需要

高中语文教育教学本身需要提高学生的人文素养，这既是内容，也是目标，更是价值体现。提升学生人文素养的途径很丰富，在高中阶段，无论是学科教学还是各种德育活动及社会实践，都有助于促进学生人文素养的提升。尤其是语文学科的教学内容、方法、过程等，更有助于提升学生的人文素养。

《普通高中语文课程标准（2017年版）》指向人文性。高中语文教学目标要求增强学生的文化底蕴；语文学科核心素养的核心就是学生的人文素养；学生的语文学习内容含有大量的人文素材，教科书中选取的作品是人类文明的结晶；语文课程教学实施建议要求教学过程及其方法具有人文性。语文教学是以文本为本，以听、说、读、写为主要形式，以情感、思想的交流等为主要内容的教学形式。无论是课堂导入，还是教学过程中的互动交流，抑或是课后阅读、写作等，都伴随思辨的语文思维、高雅的审美情趣：语言优美、交流亲切、互动有礼、书写美观、情感充沛、思想健康。语文教学有语文独特的味道，无论是古典、现代的味道，还是豪放、婉约的味道，每一种味道的形成都彰显着人文之美。高中语文教学课堂展示出语文味，教学过程就会彰显人文性，这是其他学科的教学过程所不具备的。语文教学既树人又立德，处处富有人文性。

（三）社会发展与进步的需要

中国是一个文明古国，也是礼仪之邦，更是当今世界有影响力的大国，民众的人文素养是中国走向文化强国、实现中华民族伟大复兴的现实路径与需求。当今社会发展日新月异，全球经济的联系更加紧密，文明时代的到来，人的发展、国家的发展更加需要和谐的关系。每一位社会成员都具有和谐意识，方可构建和谐的社会、和谐的世界。在这样的时代背景下，每一位社会成员都应具备较高的人文素养，以实现社会的和谐、高速发展。因此，提升学生的人文素养是构建和谐社会的需要，是实现世界和谐发展的需要。中国人在国际上拥有较高的人文精神与良好的素养表现，对中国国际形象的改善也是有帮助的。

立德树人就是要培育学生适应未来社会发展需要的思想、道德、品质和能力，就是改进育人方式、完善教育内容、改革课程实施办法以及培养学生发展所需要的文化基础、自主发展、社会参与的素养和能力。而人文底蕴是学生学会生活、学会学习、增强公民意识、主动担当责任的基础。

学生具备一定的人文素养，才具有实践创新、服务社会、服务人民的意识和智慧。因此，提升学生的人文素养是语文教学立德树人应有的价值追求，是高中语文立德树人的必然选择，是立德树人在高中语文学科落地生根的有效路径之一。从中国社会发展角度来讲，人文素养的提升对社会进步是有益的。例如，当代中国需要诚信，但是缺乏诚信在社会中很常见，甚至阻碍了社会发展，因此在语文教学中培养学生的诚信理念，就是对学生人文素养的提升与发展。

二、高中生人文素养培养的现实路径

在高中语文教学中，人文精神是对学生人生的终极关怀和现实关切，要帮助学生形成全面而又个性发展的文化精神，通过语文教学培养学生良好的习惯、稳定的内在精神品质，包括情感、态度、价值观、生活方式等多个方面的品质。人文素养是一种以人为对象，以人的意志品质、审美情趣、行为规范、价值伦理等意识行为为外界特征，以人文精神为内核的关乎人性和智慧的稳定的内在精神品质。语文教师应担负起培养和提升学生人文素养的责任，在教学中不断探索提升学生人文素养的路径。要培养实现中国梦的接班人，教师就必须牢记立德树人的使命，牢记培育学生核心素养的使命。在语文教学中，要培育学生的学科核心素养，教师就要担负起培育学生人文素养的重任，依据课程标准的要求，因地制宜地探索培养路径，充分发挥学生的学习主动性和积极性，使学生自主发展人文素养，进而为学生优秀品质的形成、智慧的发展、修养的提高奠定坚实的基础。

（一）合理制定教学目标促进人文素养提升

教学目标是教学工作的指引，更是教育事业发展的基础。人文素养的提升应成为高中阶段教育的目标。高中语文教师的教学目标和学生的学习目标要有提升学生人文素养的设计。如在学习爱国主义文章时，人文素养培养目标就是提高家国情怀；在学习古典文化篇章时，人文素养培养目标就是提高传统文化修养。

教学目标对实践行为具有导向作用，有的放矢，方得始终。在课堂学习的目标设计中，教师要把提升学生人文素养放在重要位置。由于教学内容不同、施教对象不同，提升人文素养的具体目标也不同。教师人文素养教学目标的设计应当贴合教学内容，且自然、合理，符合学生自主学习和自我提升的需要。如有的学生热爱古典诗词，那就侧重于传统文化素养的提升；有的学生擅长现代创作，那就侧重于当代文学文化素养的培养。

（二）巧妙顺利导入新课引导人文素养培养

良好的开端是成功的关键，因此教师在课堂导入环节就要合理融入人文因素。语文课堂教学的导入方法多种多样，导入的侧重点因教学内容的不同而不同，但是不能舍弃语文教学的根本，那就是要围绕提升学生的人文素来设计课堂导入，要把学生导向人文素养提升的活动中去，生动表达学生人文素养提升的目标。如在学习外国文学作品时，不仅需要读懂，更要感悟文学作品背后所体现的人文精神。

对高中生而言，导入新课不仅仅是语文学习活动的开端，更是语文学习方向的引领。在语文课堂导入中，要融入提升学生人文素养的内容和要求，让学生更加关注有关人文素养的学习内容，把提升自身人文素养作为语文课堂学习的自觉行为。学生是课堂的主体，教师在课堂导入环节要利用喜闻乐见的方式，把提升人文素养的内容和要求传递给学生，并转化为学生的自我行动。

（三）课堂教学过程有机渗透人文素养教育

在高中语文教学中，提升学生的人文素养不可空谈，必须落到实处。课堂教学的走向在很大程度上取决于教师的"导"。也就是说，能不能在语文课堂教学中实现人文素养教育，关键在于教师能不能在充满师生互动的诸多教学环节中合理地引导学生关注语文学习中的人文素养部分。同样一篇文章，有的教师教给学生的只有字词句篇的含义等基础知识，而有的教师则引导学生思考人生，提高思辨能力。

高中语文教师若能够因势利导地把语文教学中教材、课堂生成等出现或者隐含的可以进行人文素养教育的内容充分挖掘出来，采用适合的方式进行有效的教学引导，那么学生自然会进行人文知识的学习。日积月累，学生就会主动关注人文素养的内容并主动学习，进而提升自身的人文素养。在师生互动中提升学生人文素养的关键是教师的主导思想、引导契机、教导行为。语文读写活动中蕴含人文之道。如王维的"洗心诇悬解，悟道正迷津"，道出了佛家悟道参禅的意志、品质、恒心，道出了修行要洗心尘，佛理道经要自悟，要静心、专一、深入，方能理解透彻而无惑。人文素养的提升也是如此。学生在语文学习过程中要循序渐进、持之以恒地吸收人文知识，并通过静心涵泳，把语文学习中获得的人文知识转化成自身的人文修养。教师要指导学生利用课内、课外的阅读和写作活动，不断积累、不断拓展人文知识，在读中思、思中读，写中悟、悟中写，逐步涵泳人文之道、提升人文素养。

（四）语文学科科学评价推动人文素养深化

语文学科教学应该遵循学科教学规律，围绕提升学生人文素养制定评价标准。合理的评价标准是有效评价的保障。语文教师在研究语文教学基本情况的基础上，可以先进行"量"的考量，将评教与评学相结合，定性与定量相结合。评教注重教学设计、教学过程提升学生人文素养的内容、时间、环节的量的多少。评价注重教师在一节课的教学过程中，设计了哪些情境、花费了多少时间、借助了哪些教学内容助力学生提升人文素养。为了让评价更具有针对性，要对教师提升学生人文素养和学生自己提升人文素养情况进行问卷调查，并依据调查结果调整评价指标，依据学生提升人文素养的需要开展有关人文活动。教师和学生问卷调查中的自我评价、人文活动中的自我展示及学生人文素养的考核，都应该依据教学的实际情况及高考的要求，注重评价的反馈、活动的总结和过程的反思。

教学评价具有教与学的指向功能。教师把握评价学生人文素养的正确方向，有利于学生追求更高的人文境界。教师应当以学生人文素养的提升为评价内容，围绕学生语文核心素养指标体系，侧重于教与学过程的评价。在语文教学中，无论是学习效度的测评还是各种活动的评价，都应该包含提升学生人文素养的评价。比如，教学目标是否包含提升学生人文素养的设定，教学内容是否含有提升学生人文素养的载体、环节、措施，作业设计中是否含有提升学生人文素养的内容，期中、期末试题是否注重对学生人文素养的考查等。教师还要综合考查学生语文学习的真实情境，综合运用诊断性、形成性、终结性评价等多种评价方式，考查学生人文素养的发展情况。教师要依据教学的实际，对学生人文素养进行测试、观察、交流、分享、反思等评价，进而在语文教学中引领提升学生人文素养的方向。

（五）语文教育实践重视语文教师专业发展

在高中语文教学中，教师的人文素养对学生语文素养的提升有着极为重要的作用。人文素养是师德素养的重要依托。语文教师的人文素养是指语文教师在教学活动中表现出来的，既决定教学效果，又对学生的身心发展具有陶冶教化作用的综合素养。对于语文教师来说，人文素养的提升尤为重要。语文学科融思想性、文学性、工具性为一体，语文的内涵是丰富而博大的，语文教师若想高质量地完成语文教书育人的任务，就必须立足于语文学科特性，丰富自己的人文底蕴，提高自身的人文素养，把自己看作人类文明的传承者，去探究文本中所蕴含的人文精神，使学生能够在语文殿堂里感受到人类薪火相传的精神力量。

一名优秀的语文教师，一定是文化底蕴深厚的教师，一定是有人文精神的教师，一定是有终身学习观念的教师。只有不断提高自身的人文素养，普通教师才可能从"教书匠"成长为名师，成为语文教育的大家，也才能有自己的一家之言。反过来看，如果教师群体不具备较高的人文素养，当然也不可能培养出高素质的学生。教师优秀的人文素养不是天生就有的，它是教师在教学生涯中通过自身学习和努力不断打磨出来的。现代社会是一个知识爆炸、科技高速发展的时代，新知识不断涌现，教育改革日益深入，课程和教材也在不断更新，这些都要求我们语文教师平时主动学习，兼收并蓄，不断提高自己的科学文化素养和道德水平。

三、高中生人文素养培养的主要内容

注重人文素养培养的学生应该是积极进取、敢于创新、敢于标新立异、具有个性、富有独特见解和思想的人；应该是善于与人相处，善于与人合作，有着和谐的人际关系，富有社会责任感的人；应该是有扎实的基础知识，善于学习、勤于思考，有丰富的想象力，并掌握科学的学习方法，具有较高学习效率的人；应该是自信自强，永不放弃，在困难和挫折面前永不低头，充满旺盛斗志和乐观精神的人。学生学习的目的就是拥有更多的知识，有更高的道德素养和审美能力，有健全的人格。因此在语文教学中，教师要对学生进行美的教育、情的熏陶，提高学生的人文素养、现代素养和创新素养等综合素质。

（一）基于哲学思维的理性批判精神与素养培养

人文精神是人类文化的灵魂所在，处处彰显着自由与果敢，标志着进步与提高，追求着正义与平等，体现着人性的善良与包容。这首先就在于人文精神对世界本体的哲学探索，契合了人类固有的哲学思维与理性批判。具体到语文教学中，人文精神中哲学思维的内涵主要由思辨与启智的课文承载。

在高中语文课文里，体现哲学思维的课文不在少数，其中有展示宇宙法则、穷本探源精神的《老子》五章，"人法地，地法天，天法道，道法自然"形象地描述了老子哲学思维的起点；有揭示生命伦理、社会精神意蕴精神的《论语》十则，"三人行，必有我师焉。择其善者而从之，其不善者而改之"便孕育了当时提倡的虚心学习的精神；也有体现天人合一精神的《鹏之徙于南冥也》《逍遥游》等课文，"鹏之背，不知其几千里也；怒而飞，其翼若垂天之云"展示了庄子汪洋恣肆的世界图景；还有展现了学理探究、思辨求索精神的《劝学》《师说》等文章，"君子博学而日参省乎己，则知明而行无过矣"明确了荀子内省达明的哲学理念；更有揭示经世致用、不懈进取精神的《沁园春·长沙》《我有一个梦想》等课文，"指点江山，激扬文字，粪土当年万户侯"指明了"学明于理止乎事"的学子情怀。这些文章中蕴含的哲学意味会潜移默化地影响学生的思维，改变学生对自身以及这个世界的看法。

在高中语文教学过程中培养学生的哲学理性批判思维，也是学生形成思想个性和健康精神的动力所在。

（二）重视道德情操的个体品质与修养提升

在高中语文课程中对学生的道德情操进行培养，是渗透人文精神的重要任务之一。"文以载道""文道合一"等观念决定了语文课程有着不可替代的育人使命，深入挖掘，便可潜移默化地对学生进行道德培养。

高中语文课程中包含了许多直接涉及思想品质教育的课文。如曹操的《短歌行》，格调高远、感情丰富，集中展现了曹操作为一名英雄主义者的满腔豪情和一代贤才难求的烦忧，让学生知道成功需要什么，让他们明白再伟大的事业也需要别人的帮助，学习曹操在壮志难酬时所产生的巨大能量，丰富学生的思想感情；王安石的《游褒禅山记》把"游山"和"治学"两个不同的事物联系起来，用游山的经历来说明处事、治学都要尽志、深思的道理，让学生学习一种百折不挠的意志和深思慎取的态度；海明威的《老人与海》中的硬汉——桑迪亚哥永不屈服的精神品质和积极向上的人生态度，也会给学生带来很大的启示：人可以被消灭，但不可以被打败。这些篇章都是给予学生人文关怀、培养学生人文精神的绝好教材。除此之外，高中语文课程中还有大量揭示亲情、生命、自然等主题的文章也都间接涉及人们对道德观念的拷问。如史铁生的《我与地坛》、蒙田的《热爱生命》、鲁迅的《祝福》和契诃夫的《装在套子里的人》等。这些课文的内容不仅能提高学生的道德修养、改善学生的思想品质，而且对于丰富学生知识、坚定学生意志也有不可忽视的作用。

语文能培养学生的真善美与悲悯之人文素养。真，乃人之最根本的一种品行，是人文素养的重要部分。真，要求做人真诚。首先，对人要真诚，不做欺人之事；其次，对事要真诚，不管做什么事，都要有一个真诚的态度。高中语文中不少文章都在讴歌真，学生在阅读理解过程中自然而然地被引导向真、求真。比如海子的诗《面朝大海，春暖花开》，诗人以真诚的情感歌颂自然，表达自己真实的情感，学生在阅读和理解中自然会受到这种情感的熏陶。善，亦为人之根本。善者，能感人，能聚人，在社会中往往与他人相处融洽。高中语文教育应通过一些具体文本的阅读理解，引导学生向善、求善。首先，引导学生学会善待别人。即要让学生培养博大胸怀，当别人无意间有所冒犯，不必斤斤计较，而要以博大的胸怀纳之、容之。其次，要求学生与人为善。这主要指在与人交往过程中，要以和善的面貌示人，不要动不动就冒犯别人，与人形成对立关系。培养学生向善，不能光靠说理，更重要的手段应该是让他们在语文学习中受到感化。最后，要求学生有怜悯之心。一个懂得怜悯的人，内心往往存着最大的善。在高中语文教学中，教师要注意引导学生同情弱者，保持一颗悲悯之心。

（三）积极进取的人生态度与动力注入

人生态度不仅包括对人生的观点，还包括在此观点下的兴趣倾向与行动可能。人生态度不可能一成不变，也不可能瞬息万变，而是长久稳定的阶段取向。教师要在提升学生文化素养的同时，帮助学生形成积极进取的人生态度，塑造学生乐观、开朗、友善、博爱的生活情怀，达到教与育的内在统一，使学生在学习中满足、在满足中幸福、在幸福中生活。

如辛弃疾的《永遇乐·京口北固亭怀古》中展现出作者登高远望，怀古忆昔时的心潮澎湃，感慨万千，借廉颇自比，表现出在怀才不遇的苦闷中仍然激情燃烧的报国情怀，同时联系宋代国力极弱的现状，与国民不屈的爱国主义精神形成鲜明的对比；苏轼《浣溪沙·山下兰芽短浸溪》中所展现出来的超脱旷达情怀、昂扬进取精神以及对生活和未来的不屈信念，都对高中生的人生观教育有很高的价值和意义。再如学习司马迁《史记》中的文章时，高中生不仅要学习文章的内容，更重要的是感悟司马迁那种庞大的精神力量，即便是深受屈辱，也要为生命中伟大的事业而奋斗，这才是真正的人文精神本质。

人文教育不仅能提高相关知识水平，更能用人类优秀的思想文化成果对一个人进行熏陶，从而使人的品质、素养得到提高。某位伟人曾提出这样的说法："一个国家，一个民族，如果没有优秀的人文文化，就会不打自垮。"现在，身处生存环境、理想信念、价值观念等都受到挑战的环境中，许多学生患上了"精神软骨病"，严重缺乏历史使命感和责任感。教师在语文教学过程中一定要注意人文资源的充分挖掘，在传播知识的同时，加强对学生人文精神的陶冶。讲得具体一点，就是教师要充分挖掘课文中所蕴含的真善美，帮助学生从中获得人生境界的提高、心灵的丰富以及人格的健全。所以，教师要在教学中融入人文精神，帮助学生树立自信、坚定信念，并且学会从学习中获得感悟，使自己的人格在学习中获得完善。

（四）关注审美情趣的培养与引导

审美属于高层次的人文精神，也是人类社会追求美好事物的精神。语文课程与美育有着天然的联系，正是因为语文教材中包含着语言美、形象美、意境美、意蕴美、人情美、诗意美等审美情趣。我国的语言生动优美，博大精深，表情达意准确、细腻，有其独特的魅力。[①]若不懂语文之美，人文素养提升目标就难以真正实现。

如诗歌中描述的景物有"万山红遍，层林尽染；漫江碧透，百舸争流。鹰击长空，鱼翔浅底"的"湘江秋景图"；有"丁香一样的颜色，

---

① 李学冬.让美育之花在语文教学中绽放［J］.学问·现代教学研究，2011（9）：69.

丁香一样的芬芳，丁香一样的忧愁"的"愁怨姑娘图"；还有"河畔的金柳，是夕阳中的新娘，波光里的艳影，在我的心头荡漾"的"金柳夕照图"。作者用精美的词语描绘出一幅幅精美的画面，让读者尽情发散思维去想象，让语言与景物对象相互烘托，尽显其美。除了景观之美，还有心灵之美、情感之美。杜甫诗歌中，对天下大事的忧乐关怀，对民众疾苦的同情；李白诗歌中，对美好人生的想象，对个人情感的抒发，都是极具审美情趣的。有时候一句简单的诗歌，就能够勾勒一个汇聚景观、想象与心境的美之体验，如"醉后不知天在水，满船清梦压星河"，短短两句话十四个字，人、物、景、境、思都具备，此为何等语言之美！

　　语文课程丰富的人文内涵对学生精神领域的影响是深广的。教师应该重视语文的熏陶感染作用，注意教学内容的价值取向。学生学语文，不仅是学语言，更是学如何做人。语文教材中的每篇文章都倾注了作者丰富、饱满的激情，都是作者思想智慧的结晶，都蕴含着丰富的人文因素，这些人文因素流淌在文章的字里行间，正所谓"文道结合"。这就要求教师深入钻研教材，领悟作者的写作意图，认真挖掘教材隐含的人文价值，而不能仅仅停留在对学生进行语言文字训练的应试教育上。这个世界从不缺少美，而是缺少发现美的眼睛。要实现语文教学的审美化，我们必须充分挖掘语文课中丰富的美育资源。语文教材是一个丰富的美育资源库，语文教师应该引导学生挖掘这些美的因素，引导学生深入分析课文中的美学现象，提高他们对美的理解和鉴赏能力，这些美育资源也就成了审美化教学的前提和资源储备。不少优秀的学生正是在某一课的美育的感召下，灵魂深处有了极大的震撼与触动，促使他们树立了崇高的人生理想，塑造了崇高的人格。这正是语文新课程对客观世界、生命世界起到的独特的教育作用。

四、高中生人文素养培养的实践探索

语文作为人文领域的基础学科，无论是从精神熏陶、审美教育还是从思维培养、语言学角度，都有重要的地位和独特的作用，是工具性和人文性的集中体现。在教学实践中，人文素养越来越受到重视。人文素养是指人们对人文科学知识进行有意识的内化和积淀而形成的相对稳定的内在素养与品质，是人的价值取向、思维方式、理想人格、审美情趣、道德情操等的质性反映，是现代文明社会的人不可或缺的重要素养。语文学科是人类文化的结晶，绝不可以仅仅将其当成一门学科来教，而是既要开发人的理性潜力，更要开发人的非理性潜力。在教学中要以人为出发点，又要以人为归属点，这样才能促进学生知、情、意的平衡发展。例如，众多语文教师一直在潜心探索的问题是：如何让诗歌教学生动而又高效。作为文学宝库中的精华，诗歌以其文字凝练隽永、蕴藉深远、启迪哲思的特点引人驻足，徜徉于诗歌的海洋往往给人美的享受。高中语文教材无论是必修还是选修，都选取大量经典诗词供学生品鉴，诗词鉴赏也是高考的必考内容。为了进行高效的诗歌课堂教学，我们综合课程安排和学生学习实际特点总结出了具有人文精神的"诗词鉴赏三步教学法"。下面，我以《山居秋暝》为例阐述语文学科教学中人文精神的培养。

（一）人文情感导入引导学生思考

课堂的导语设计起着激发学生学习兴趣乃至情感的作用，可以通过充满人文精神的导入渲染课堂气氛。

中国是诗歌的国度，唐代不仅是中国，也是人类历史上最伟大的诗歌巅峰。唐代涌现出众多天才诗人，欣赏诗歌的过程正是品味诗歌美的过程，如李白的"仰天大笑出门去，我辈岂是蓬蒿人"有豪放飘逸之美，杜甫的"无边落木萧萧下，不尽长江滚滚来"有沉郁顿挫之美。今天，我们共同学习王维的山水田园名篇——《山居秋暝》，感受诗中有画的特点。

若想提高人文素养，就需要了解作者所处的生活环境，探究他的生平事迹，从而初步把握作者的精神世界。正如读李白诗有其豪放飘逸，"人生得意须尽欢，莫使金樽空对月"；杜甫诗有其沉郁顿挫，"艰难苦恨繁霜鬓，潦倒新停浊酒杯"；王维诗中有画，"漠漠水田飞白鹭，阴阴夏木啭黄鹂"。诗人不同，诗风各异，此为其一。又如李清照前期，"常记溪亭日暮，沉醉不知归路"体现的是少女情怀，后期"寻寻觅觅，冷冷清清，凄凄惨惨戚戚"散发的则是愁怨深深，同一个诗人，不同阶段风格也不相同，此为其二。再如"黄沙百战穿金甲，不破楼兰终不还"的王昌龄与"塞上长城空自许，镜中衰鬓已先斑"抑郁终生、愤懑抱憾的陆游，背景时代不同，其诗的风格也不同，此为其三。了解作者的创作特点、创作背景、创作情感，不仅能巩固文学常识，还可以拓展作家的生平事迹，突出其人品、学品，使之成为学生写作的重要素材。

（二）品读文化意象促进感情升华

品读文化意象可以实现文学审美与想象力的提升。教师要明确教学目标，让学生有个清晰的课堂整体思路，随着教学的进行明确指出重点。我会根据课文单元设置教学重点，并且根据每篇文章的异同制定相应的课程目标。以诗歌教学为例，需要学生掌握的有作家背景、背诵默写、情感态度、重要概念等，我在中间择取了"意象"这一重要概念。单元教学主要围绕"意象"展开，通过诗歌的意象、意境理解作品表达的情感，通过抓取典型意象，理解作品表达的意味。所谓"意"是诗人在诗中所抒发的思想感情，所谓"境"是诗人在诗中所描绘的生活图景。如《山居秋暝》中仅"明月松间照，清泉石上流"一联就出现了"明月""松""清泉""石"等意象，通过对典型意象"松""清泉"的分析，作者高洁的志趣就显现出来了，人文情感升华也就体现出来了。

在文本分析的基础上，教师应引导学生深入理解诗歌中蕴含的深刻的为人之道及审美旨趣。它们启迪着我们的智慧，指导着我们的人生，熏陶着我们的修养气质。

（三）感知诗歌之美促进学生成长

学习诗歌的过程不仅是学习意象、学习作家背景、学会背诵的简单流程，而是从中感悟文学的奇妙旅程，包括语言、情感等多方面的美。体味美的过程，可以让学生通过写学习心得的形式反馈，如《山居秋暝》中，"竹喧归浣女，莲动下渔舟"，先闻"竹喧"，后见"浣女"，未见其人先闻其声，其意蕴如水中盐、蜜中花，无痕有味、体匿性存。在教学中，可采取吟诵的方式，运用新颖的手段，让学生感受诗文的美，培养学生对传统文化的兴趣，让学生发自内心地渴求更多的知识。

及时的课堂反馈是必要的，这个过程是对整节课的验收和评价，诗歌的教学反馈可分为当堂背诵和课堂学案两种方式。所谓当堂背诵是学生根据教师提供的关键字或意象串联全篇文章，当堂记忆。这种方式既记得牢，又能减轻课下背诵的压力，可谓一举两得。如讲完《山居秋暝》，学生根据板书罗列的意象"山""雨""明月""松"，回想讲授过的动静、色彩画面，进行通顺的背诵。而课堂学案是围绕教学目标，设计学生需要掌握的习题，让学生再次了解课堂讲授的重点、难点，发现自身的问题，以便更准确地定位自己对知识的掌握程度。以《山居秋暝》为例，可以设计作品表达了诗人何种思想的问题，如"这首诗描绘了山中秋日傍晚的自然风景，表现出诗人的高洁情怀和对理想境界的追求"。

人文素养犹如一根红线，贯穿人类文化发展的始终，它标志着人类的成长和进步。当代人文素养主要表现在四个方面：一是人与自然，人要保护自然、保护环境；二是人与社会，人要注意社会群体的长远利益，强调个人责任；三是人与人，人要相互合作，同情弱者；四是人格发展，要知、情、意平衡发展。高中语文教师在课堂教学中要把教学过程看作一种情意发展过程，注意情感充实、情意加深和兴趣培养，强调理性因素和心理因素在教学过程中的作用，促进学生人文素养的全面发展。

第五章

生活语文与审美教育

　　我们经常说，生活中不缺少美，而是缺少发现美的眼睛。生活中处处充满着美，而语文则是提高审美素养的重要科目。语文与生活关系密切，因此在生活语文教学中必须重视审美教育的渗透。

第一节　高中生活语文审美
教育的基本特征

高中语文教师开展审美教育生活化有四个基本特征，即基于审美教育个性化认识的个体性和差异性，基于审美教育生活实践的开放性和自由性、交互性和公平性，基于审美价值、意义的超越性和创造性。

一、生活语文审美教育的个体性和差异性特征

从审美教育的认识角度审视，高中生活语文审美教育表现出个体性和差异性。

（一）个体性

人本主义教育思想一直强调教育的目的就是教师积极利用各种形式与可能来引导和促进学生的自主及个性发展，使学生清晰地认识到在学习过程中自己是独立自主的存在，有独特的意义。从这个意义上说，教师的教育教学过程就是引导和帮助学生实现自主性与个性化，并最终成功激发、

实现发展潜能与愿望的过程。因此，教师开展审美教育个性化生活实践活动就是引导、支持和带动学生实现学习的自主性与个性化。

　　由于人的自我实现和个体要求是实现人的潜能的前提，在审美教育个性化过程中，教师首先要张扬个体性，觉醒个体意识，以个性化的视角开展与引导审美教育。由于审美情感、经验和能力的不同，每位教师都有不同的审美个性和特点，人本主义教育重视学生的个别差异和个人价值观，认为只有实现教师的审美个性和特点，觉醒"自我"意识，促使"自我"的形成和"自我"价值的实现，才会在审美教育中进一步促进学生实现"自我"审美意识与价值。在审美教育过程中，教师的"自我"体现为个体性，个体性促使教师充分激发审美潜能，关注和调动一切与审美教育相关的积极因素，在审美教育中积极引导、参与和促进学生的审美学习，实现学生学习的个性化，实现学习主体地位。审美教育不是为了实现审美而审美，教师要通过有特色的教育教学设计与课堂教学活动，端正审美态度，激活审美兴趣，深化审美感受与体验，积极进行理性鉴赏，促进审美感性和理性的融合，取得审美实效。

　　高中阶段的学生随着年龄、性格、知识、技能、情感态度与价值观的不断变化，对他人、自然、社会与时代形成了有自己特点和个性的看法，这些都有助于他们在审美教育过程中对美的事物及内涵进行充分而积极的感受、理解与鉴赏，而非一般意义的知识性学习和逻辑判断，这个过程需要教师有特色的教学引导与促进。学生是审美教育的主体，教师应通过有针对性且符合审美教育规律的教学使学生获得成为学习主体的能力、方法与信心，促进学生个体审美能力的提升。实现此目的的重要前提与基础是学生有独立审美的能力，具备初步的审美感受力，具备非功利性观察审美对象、保持审美自由的可能性。教师在审美教育中个体意义的引导、支持和鼓励可以帮助学生进行深度审美感受、体验与鉴赏，实现理性认识对感性认识的超越。需要强调的是，在促使学生觉醒自我意识之前，教师首先要觉醒自我意识，以强烈的自我意识引导学生进行思考与判断，以个性化的"教"促进学生个性化的"学"，而不是用同一化的模式进行同质化教学。简言之，教师应充分激发和利用自身的个体审美素养与个性特点，觉醒自我意识，体现个体性，同时积极关注涉及学生审美的各项积极因素，多角度激发学生审美情感与兴趣，深度感受美的存在与价值，与学生共享审美情感愉悦，这样师生在审美教育过程中均会有所收获与感悟。教师作为审美教育的解读者和实践者，应认识到审美教学过程也是一个主观认识不断深入的过程。一般来说，在审美教育过程中，教师个体审美感受更贴近直觉，与学生容易产生共鸣。在教师个体意义的审美教育意识、方法与策略的引导下，师生合作，从关注自己与审美对象相似生活经历的简单对比过渡到情感、想象、精神和思想等内容的同步渗入。在此期间，教师应充分丰富、完善个性化教育方法，将自己的各种心理因素同审美对象可能具有的意义、类别与问题等充分联结起来，逐渐形成一种特色鲜明的审美思维逻辑，将感性与理性融合，引导学生提高审美兴趣，进行深入的审美感受与体验，将审美价值与意义推向更高层级。教师的审美教育观念突出个性化意义，才有可能使审美教育提升境界水平，呈现出多角度、多内涵的特点，使审美思维多元化，教育策略与方法、内涵更加丰富。在审美教育过程中，教师要坚持个体特色性的审美教育观念，树立鲜明的审美态度，追求较高的审美境界。

例如，在话剧《雷雨》的教学中，知识性教学、体验性表演与人性分析等审美教育内容的探讨常常成为教学定式，周朴园等的"人性与情感"等问题成了教学的灰色地带。随着时代与社会的发展，课堂教学不再以传统的阶级观解释和评价审美对象，但是同一化的审美教育特点仍然缺失审美自由与创新，有的教师让学生就此各抒己见，却不做交流与评判，最后不了了之。从剧作本身看，曹禺笔下的周朴园是戏剧典型，其人物形象非常丰满，有反动、丑恶、伪善的一面，但其内心也曾有温情的一面，因为时代的差异，学生较难完全理解复杂却又鲜明的人物性格，只有教师确立独特而合理的审美观念，进而开展特色性教学设计，提供适合学生思考和鉴赏的问题平台，借助审美资源，鼓励学生进行多元化的审美鉴赏，学生才会逐渐形成自己的审美标准与鉴赏能力，并在一定范围内围绕剧作和相关资源因素进行创新式、探索性审美鉴赏，体会美的存在、价值与意义。在审美教育中，无论怎样的审美对象与内容，教师都存在个体意义的、特色性的审美感受，对此，教师不能简单求同或求异，而是觉醒"自我"意识，让自己也成为重要的审美因素加入审美学习中，在有自己个体化、特色性理解的前提下，鼓励支持学生积极认真地展现自己的审美过程与结论，使之符合一定的审美规律与道德要求，增强审美自信，形成鲜明的审美态度。教师这种审美教育有个体性意义，对学生的审美学习是有效和有益的。

（二）差异性

在生活语文审美教育过程中，师生要不带任何功利性地对一个审美对象或者一个表象方式进行审美批判，这要求审美鉴赏不能是简单的知识和逻辑性判断，而要进行非功利性的、自由的审美判断。这取决于师生的审美态度、视角、素养及对审美教育中教与学的理解水平，不同的意识、态度、方法与方式能感受到不同的情感、内涵和价值。在审美教育过程中，教师审美教育能力与方法的差异性存在是事实，这就要求教师不能简单求同，不能采用同质化的教学方式与方法，进而囿于自身审美结论、能力与水平,而要充分联系审美理性与感性因素,充分关注审美对象与学生的审美情感特点、能力和水平,形成有独特感受的、深入的审美判断。

以语言表述为例,在高中语文学科教学中,学生使用专业用语的能力大相径庭。不同的教师有不同的选择与判断,有各自特色性的教学方式与方法,教师应以积极的审美态度引导学生对审美对象、审美资源等各种审美因素进行感悟、归纳、理解与判断,形成属于自己的审美过程与结论。在审美教育过程中,教师不能进行同一化、群体化的教学,而应以学生审美情感的最终形成、以精神和情感的愉悦为目的,积极运用特色性的教学方式与方法,实现审美教育目的,形成自己的审美教学特点与风格。高中语文审美教育个性化中的差异性具体表现在教师个体审美偏爱、习惯、教育教学方式与方法等角度,也表现在审美知觉力、审美想象力、审美领悟力和审美情感等方面。差异性显示着审美教育过程中存在的教师不同的教育视角,显示着教师不同的审美能力与水平。需要指出的是,教师充分利用差异性,一方面可以多角度审视整理自己的审美教育理念、方法与策略,对比他人,取长补短,逐渐形成特色性审美教育风格与方法;另一方面可以正视审美教育中师生审美能力差异性的存在,不会用自己或者学生群体的审美判断直接替代学生个体的审美过程。

例如,在诗歌《再别康桥》的审美教育中,有一处文字"悄悄是别离的笙箫,夏虫也为我沉默,沉默是今晚的康桥",师生不同的经历、不同的爱好、不同的性格、不同的审美解读能力、不同的审美感受能力等,会对"悄悄"与"沉默"的理解有不同的境界和意味。不同的审美内涵,可以是诗句字面意义上的,可以是诗人心态与情感的参照理解,也可以是学生结合自身情感经验的综合理解,等等。教师不能根据自己和学生群体的共性判断来断定何种审美理解与鉴赏是唯一正确的,不能忽视学生个体审美的存在。另外，教师自身的审美能力与水平也存在差异。审美鉴赏本身就不是单一和唯一的，对《再别康桥》诗句的理解，除了对诗人徐志摩原意的揣摩，更多的是教师根据自身的特点与条件，在可理解的范围内，积极引导学生开展发自心底的个性化理解与感悟，并将学生这种个性的审美感触与感悟解放出来。教师要理解自身及学生审美判断角度和标准的不同，提供不同的审美学习平台与时机。教师和学生的审美判断存在差异，教师在进行审美教育时，考虑到这种差异将使自己的教学更有针对性和倾向性，要了解学生群体及个体的情感体验和年龄特点，支持他们不从既有判断出发，而是能沉浸在对审美对象本身的情感感受与体验中，判断审美的内涵与价值。当然，面对不同的学生群体与个体，可以积极肯定其审美判断的合理性，因势利导，通过分析、评价或者示范来引导、矫正学生的审美逻辑与策略等。其实，单从教育存在的地域性差异的事实看，审美教育个性化的差异也是不同审美教育文化、不同教育理念之间正常存在的一种差异。

二、生活语文审美教育的开放性和自由性特征

从审美普遍性的角度看，高中生活语文审美教育具有开放性和自由性的特征。

（一）开放性

人本主义教育思想强调学生的自主学习，罗杰斯反对教师是教学权力的拥有者，反对学生是被动的接受者。审美教育从来不是封闭式教育，不是单一授受式教育，教师和学生都要认清自己的教学角色与地位，积极开阔审美视野，进行多元化审美感悟与判断，促进自身审美素养与能力的提升。按人本主义观点，学生是学习的主体；新课标也认为审美教育是认识

世界、发展思维、获得审美体验的重要途径。可见，学生通过审美教育认识和理解美的存在不受既有审美结论或者学习、思考习惯的束缚，有参与审美教育的兴趣和学习的欲望，实现学习的主体地位。相应地，教师要建构符合教师"教"的高中语文审美教育个性化平台，使之适应学生"学"的需要，进而使学生在学的过程中不断积累认识世界、发展思维和获得审美体验的方式方法。教师积极建构开放性平台，拓展审美思维与视野，给予学生更多的选择和学习机会，是基于审美教育过程中学生的实际需要。

在高中阶段，学生具备了对艺术作品的批评性欣赏能力，具备了审美判断的标准，能对某些美学问题进行讨论，在审美教育中具有选择能力、审美标准解读能力和问题探索能力。这三种能力至少说明高中阶段的学生拥有独立的审美思维，有独立进行审美批评性欣赏的能力与水平，可以通过自主学习和个性化学习在审美境界与思维水平上有所提升。但是实现这一目标的前提是有开放的审美教育平台。教师开放审美教育平台的过程，也是用教师个性化的"教"引导学生个性化的"学"的过程。审美教育过程中，教学内容、教学设计、教学问题、教学方式、教学方法、教学评价等都有开放性特点。教师审美教育个性化的"教"体现在三点：首先，虽然教学是有预设的，但这个预设是基于教师个性特点和能力的，是有特色的、有针对性的，不是僵化的、模式化的设计，同时教师的"教"要关注学生个性化的"学"的需求，有针对性地进行教学设计。从这点看，教学预设结合了师生两个角度的个性化教与学的特点，结合了审美资源的具体情况，这就使学生有适合的审美学习空间，能够进行自主、个性化的学习，从这个意义上说，教师的"教"是开放的。其次，教师开展审美教育个性化教学过程中，既不控制学生的审美思维与视野，给予其感受和判断的空间，又给予必要的示范和引导，给学生提供学习的助力与支持，这也是教师审美教育参与者、促进者角色的要求。从这个意义上说，教师适时的"教"本身也是开放的。最后，教师的"教"是引导学生建构自主的个性化的学习模式，这个模式是个性化的，是适合学生个体审美教育需求的。学生个体审美学习模式的建构过程，就是不断进行自主学习，选择自主学习方式、方法和不断总结规律的过程，其价值在于学生感受力与理性判断力的共同提升。"开放"教学平台包括开放审美教育内容，这本身也是一种"教"，教师自身积极拓展审美教育思维与视野，并不局限于原有认识与教学水平。同时，淡化审美教育的控制作用，淡化审美教育的目的、方法、策略及评价等方面的直接预设，留足审美生成空间，充分实现审美过程中情感的陶冶与升华，引导学生自主感受普遍性的美的内涵。实践方法的开放与个性化示范引导教师淡化审美教育的控制作用，按人本主义的观点是给学生的"学"留足思考与实践空间，鼓励学生自主和个性化学习，而且学生有这种学习的愿望、能力与要求。

教师对审美教育的淡化使审美教育过程中的各个环节都拓展了学习与探索的空间，使对审美问题的理解与生成有更开放的空间和氛围。例如，在学习《面朝大海，春暖花开》时，教师提供引导，让学生熟悉诗歌背景，并与学生反复诵读，鼓励学生带着自己的情感与观念进入课堂、进入文本、进入学生心目中的诗歌情感世界。教师的做法是尊重、倾听学生的审美感受、体验与判断，并在此基础上创造各种可能的机会与平台，让学生探索诗歌情感世界的价值，产生更精彩的审美观念与判断，激发学生审美潜能，让学生受到美的熏陶，进而培养自觉的审美意识和高尚的审美情趣。另外，教师要坚持营造开放的审美氛围。在审美态度、审美感知力和审美趣味等方面给予学生更大的空间，鼓励学生重视审美个性，重视个体的感受、体验、评价和思考，使学生个体意义更鲜明，达到更高的审美境界。教师要将学习的主动权交还给学生，但并非置身于教学之外。新课标指出，"教师应遵循教学基本规律，并根据自身的特点与条件，发挥优势与特长，努力形成自己的教学特色"。在审美教育过程中，教师要与学生共同开展审美学习，还要实现引导者、参与者和促进者的角色与作用，加强示范与引导，作为重要的审美因素成为学生审美学习的助力。从这个意义上说，开放并不是回避与放弃，而是一种特殊的鼓励与支持，一方面，有利于学生进行深入的审美学习，形成正确的审美趋向，树立正确的审美意识，教师与学生合作，共同感受和解析审美困惑，在审美教育过程中提升学生的审美能力、境界与水平；另一方面，有利于学生的自主与个性化学习，并在教师的帮助下逐渐提升审美学习能力，这种能力又使学生能够研究和探索未知的审美意义与问题。

（二）自由性

高中生活语文审美教育的自由性具体包括教师的认识自由与实践自由，它并不附庸于审美认识规律，也并不依存于教学规律，而是有自己的特点与内涵。教育的价值在于张扬自由与主体性，在审美教育个性化的视野与范畴中，在一定概念与定义制约下的审美，不是学生可以深入体验、感受和鉴赏的纯粹的审美，而是教师控制下的学生模式化的被动审美。审美教育个性化的自由性不受制于审美的一般模式，不受制于现实观感和自我经历、体验，它是学生在教师的引导与参与下，对美的事物进行多角度、自由的感受，由形而神，由外而内，不带有功利性，不为了实现教育目的而审美，进而实现审美认识的自由。基于美的复杂性存在，审美教育个性化的自由性体现在对美的自然而不带有预先结论的鉴赏，无论审美鉴赏的深与浅，都从美的事物本身着手，根据学生个体的审美能力水平指导其进行多角度的个体化感知、领悟、判断和评价，使其感受真实的审美趣味性，得到美的陶冶。基于自身素养与个性，教师群体有着不同的审美经验、经历、思维、情感、境遇、理性追求，都有机会和条件进行有个性化特点的审美教育思考与实践，这是内在、深层且渗透在感知、想象、情感诸因素中，并与之融为一体，它基于生活，高于生活；基于真实，高于真实，由"知性"到达"理性"，进而给学生提供更广阔、更深刻的审美教育平台，给学生自主发挥审美能力提供时间与空间。与之相反，在压迫的学习情境中，学生的自由被剥夺或部分被剥夺，在学习内容、时间和方法等方面丧失或部分丧失自主权，学生审美能力难免式微。学生实现审美自由性的前提，正是教师审美教育的认识自由，每名教师的审美判断都积淀着其对自身、对他人、对社会、对生活的多重认识，是其各种心理功能（其中包括想象力）共同活动的结果。这种审美教育使审美愉悦区别于生理愉悦，使审美教育区别于心理教育，使审美教育个性化区别于一般的审美实践。高中语文审美教育个性化表现出实践自由性特征。在教育实践过程中，教师遵循自己的审美认识进行审美教学设计、预设问题；遵循自己的审美判断引导学生进行个性化审美感受与体验，进行审美判断。这个过程体现为因材施教，只有教师的个性化教学与学生的个性特点相融合，教师教的内容才合乎学生学的需求，才能实现个性化的意义。实践自由展示了教师"教"的合逻辑性及个性化，教师有实践自由，学生才会实现学习自由，才有适合学生学习的平台，否则单一的实践方法并不能适合学生的多元化需求。这是审美教育过程中教师不能回避的问题，教师要以此确定和调整师生关系，给予学生更多的支持与资源，提供适当的审美空间，激发学生审美情感，提升审美实效。

例如，《林教头风雪山神庙》中的景色描写素向来为人所称道，从审美的角度看堪称经典。学生在读课文时，易被景色的描写情节所感染，进入学习氛围时，甚至可以体会到文中飞雪的严寒、厚重与冷酷，单单这雪便会让学生有感而发，这是一种有普遍性意义的美。作品的统一性、复杂性和强烈性均有表现，从教学来看，教师不要拘泥于固定的教学形式，要选择适合学生个性化特点的实践方式与方法。例如，可以开放思维，让学生针对雪的景色充分联想和想象，充分感受与鉴赏，任选感受和评判角度，任选表达方式，只要进行个性化审美感受与判断即可，并不急于进行其他分析，只要将这雪的景色分析透彻，也就理解了它和主题、情节、人物性格间的关系，诸多问题就迎刃而解。相反，如果直接按照教学目标的要求，将景色描写同小说的主题、人物性格、情节的发展等联系起来，就会让学生还不曾认真欣赏和思考这雪的魅力便直接被主题、情节、性格等问题的技能性解答消淡了对雪的兴致，就剩下机械、形式和技能性的分析，失去审美感受和体验的兴趣，感受不到美的存在，这不是有意义的、发展性的审美教育。审美教育不是将学生培养成审美批评家与美学家，不是为了发现普遍性的美而去求得普遍性，而是教师根据学生不同的条件与情况，根据教师自身的各种条件限制和审美内容的内涵、价值限制，因材施教，关注和引导学生对不同层面的美进行感受与鉴赏，提升学生的审美水平与能力。从表现上看，教师可以鼓励学生开放思维，充分展开联想和想象，充分感受与鉴赏，进而研究自己的审美感受并形成结论，只要存在合理性就可以予以肯定和支持。

三、生活语文审美教育的交互性和公平性特征

从审美关系上看，高中生活语文审美教育存在着交互性和公平性的特征。

（一）交互性

交互性是教师开阔审美视野、交流审美心得、丰富审美教育内涵的重要保证。交互性在逻辑上表现为教师引导学生从感性和理性及二者相融合的角度交流情感与观念，感受"美"的存在，判断"美"的价值；在教学行为上则表现为师生、生生在审美认知、情感、想象、理解、判断和评价等方面的交互。在高中语文审美教育个性化实践过程中，教师因为不同的个性与特点表现出不同的情感特征，这些情感特征在标志着个性化印记的同时，也代表对自然、社会和人生的感受与思考。新课标要求"教师要引导学生学会多角度地观察生活，丰富生活经历和情感体验，对自然、社会和人生有自己的感受和思考"就是这个道理。但是正因为师生的情感特征是个性意义的、复杂的，所以需要加强师生、生生之间情感的交互，目的是端正、丰富和提升学生对自然、社会和人生的感受与思考，拓展和丰富学生审美感受、体验、感悟、判断等过程的内涵，实现审美价值。

例如，在《故都的秋》的审美教育中，对于不同审美境界、不同年龄与经历的师生而言，除了积极对作者郁达夫以情驭景、以景显情、情景交融的抒情手法进行学习与鉴赏，体会他"悲凉"中流露出的沉静、寡淡的心绪外，还要设计"故都的'故'是不是可有可无""将文章写秋换成写冬，会是什么效果""文章的景含情，这种情对于作者和读者而言有什么异同"等问题，使师生形成一种认识：无论从哪个角度和问题看，本文都合乎"寡淡、悲凉"的情，合乎"沉静、幽然"的景，合乎作者的心态，顺理成章，美得自然。师生在这种"合乎"中产生共鸣或者碰撞，进而交流和判断，在赞同或者争议中结合自身的特点反复体会其中"合目的"的审美意味，结合"沉静""寡淡""悲凉"等关键词进行深入鉴赏；可以选择作者、读者、旁观者等角度形成自己较清晰的审美判断，如果有理有据，则可以进行交互学习。这种交互性不是一般意义的交换意见，而是交换有依据的审美判断，是从不同审美角度鉴赏所收获的审美情感与判断的交互，互相促进、融合，促进审美情感的升华。这要求教师进行个性化意义的教学设计，关注并充分利用审美教育相关因素支持学生形成自己的审美习惯与风格。在审美教育中，教师要引入可感受、体验的审美因素，不能仅仅是感动自己的因素，而是要触发学生的审美兴趣与体验。审美教育每个环节的衔接都内隐着审美者情感的愉悦，师生的交流和互动只有基于审美愉悦与审美共通感，才能获得理解审美感性与理性关系的路径。无须提前表明美的存在，合乎审美共通感的审美对象也必然是美的，审美判断才成立，美的"无目的的合目的性"言即指此。从这个角度来说，如果教师没有引导学生树立正确的审美态度，没有充分激发学生的审美情感与体验，则不会形成有意义的审美判断。缺失有意义的交流与沟通，审美教育就会失去效果。高中语文审美教育个性化实践过程中，审美心得的交互是师师间、师生间、生生间相互借鉴、共同提升的重要条件。对于审美教育而言，师生的审美心得不单一指向审美判断结论，更是指向师生从理性与感性两个角度实现前者对后者的超越、融合的学习体验和审美价值的判断。各种角度下的审美心得都是师生个性化学习的收获和判断，这种收获和判断与教师审美教育的个性和特点息息相关，显示了感性与理性双重特点。个性化特点彰显了教师的个体意义，但是从教学效果上看，教师对学生单向的指导性教学不可避免地出现同一化学习结论，审美视野趋同，审美兴趣缺失。交互的目的与作用就是教师引导学生充分认识美及审美的意义和价值，互为审美学习的助力，相互激发与促进，拓展审美视野，提高审美理性的认识与判断水平。

审美心得的交互展现了教师审美教育的个性特点。首先，交互性基于教师个体对审美理性的充分认知，显示了个性化的审美判断能力与水平，这是实现交互性的前提与保证。对于师生而言，教师的个性化审美引导和促进学生感性到理性再到理性超越感性两个过程的审美体验与判断。教师个体的充分认知也是一种审美教育资源，会给学生以助力与引导，拓展学生的审美思路与视野，实现审美超越性和创新性。其次，交互性还显示了有效的交互方式。师师之间可以进行审美教育形式与内容、个性与特色的交流，生生之间交互性的学习方式则是合作和探究。合作和探究方式下的交互体现了两个要求：一是要有适合师生、生生的交互角度，这是思想与实践智慧的交互；二是交互双方要有共同的审美内容和独立的审美判断，同时要有开放性思维，能够广泛摄取不同的审美心得，引发共鸣，去粗取精，提高审美情感体验和判断水平。最后，交互性需要师生的共同努力。教师要依据教学个性，思考美的形式与特点、大数据时代的教学技能、班级学生审美学习习惯与综合特点，让学生个体和群体充分理解与感受审美学习过程中交互的作用和内涵；同时推动教学进程，适时参与学生的审美感悟，帮助学生拓展审美视野，学生引导提炼审美心得，帮助学生感受审美愉悦。另外，教师要积极创建适合交互的审美平台与时机，引导学生参与交互，互相借鉴，研究收获，共同提高。教师要有个性化的教学设计，关注和审美教育相关的因素，支持学生个性化的审美习惯与风格，不求一致，而求有所心得，有所沟通，形成合力，共同发展，促进审美教育个性化。教师审美教育个性化中的"个性化"依托于教师在课堂上选择的正确的师生角色与关系，因势利导，还学生自由、自主的审美空间，给予他们更多的审美感受、思考和判断的权利，让他们张扬想象，拓宽视野。审美教育个性化虽然无定法，但也要使学生获得属于自己的审美愉悦与审美效果。

（二）公平性

在高中生活语文审美教育实践过程中，师生有不同的审美个性、角度、感性体验能力和理性判断水平，教师单一、固化的教学模式不能保证每名学生都有自己的学习空间与权利。审美教育的公平性是教师在审美教育过程中实现学生自由审美权利的保障，使师生的审美意识、情感与能力有实践感受和探索的契机，有益于提升师生审美综合素养与个性水平，同时促进审美教育的发展与创新。公平性体现为学的公平性与教的公平性。当前的教育主旨之一是育人为本，其对象包括每名学生。基础教育课程改革直接提出为每名学生的发展奠基，审美教育同样要为每名学生提供公平的学习平台与机会实现，教育机会均等。审美教育个性化面向每名学生，为每名学生的审美素质与个性发展负责，每名学生在审美教育过程中都享有学习和交流的公平权利。学的公平性体现在审美教育个性化的每一个环节，作为审美教育主体，每名学生都可以在审美认知、情感、想象、理解、判断和评价等平台与空间自由学习与探索，进行个性化思考与判断。同时，每名学生都有交流和沟通的权利，都能根据自己的特点进行自主、合作和探究式学习。

审美教育个性化主张以教师个性化的"教"推进和引导学生个性化的"学"。个性化的"教"是充分关注教师教学个性与特点，形成独特的教学思想与行为，以满足教师自身和学生需求为宗旨。从根本上说，"学"的公平性是鼓励学生深入、主动参与审美教育全过程，引导学生审美整体素质与个性的发展，符合学生学习的内在需求，更大程度地为每名学生的发展提供机会。对每名学生而言，这就是学习的公平。公平性还指师生公平地享有审美教育的环境与资源。审美教育个性化以实现学生审美综合素质的提升和个性发展为目的，审美教育环境与资源的创设和开发是实现这一目的的保障。营造公平的审美环境或者氛围是审美教育个性化的应有之义，教师个性化的"教"就是为了满足学生个性化的"学"，师生的审美教育个性化实践过程本身就是不断营造一种公平性的审美环境与氛围的过程，让每名学生都从中获益，得到发展。另外，从新课标的要求看，"语文教师应高度重视课程资源的利用与开发，充分发挥自身的潜力，参与必修课和选修课的建设，创造性地开展各类活动，增强学生在各种场合学语文、用语文的意识，多方面地提高学生的语文素养"。可见，满足学生多样化的需求与选择，多方面地提高学生语文素养，是语文教育对审美资源的总体要求。教师要面向每名学生，使其根据自己的个性发展和整体素质提升的需要开展审美学习，满足其审美学习需求。从审美资源的共享、需求和选择角度看，学生的审美学习需求具有个性化特点，是一种公平的表现。教师不是替代学生进行审美，不是教授审美，而是进行自身个性化教学理念的实践。课堂是教师审美个性、审美感性认识与理性判断水平的展示平台。教师个性化的"教"是学生个性化的"学"的前提条件。当然，这里的教不是灌输式的"教"，而是一种个性化的教学理念和教学设计，是一种权利，也是一种义务。其次，"教"也是一种教育理念与能力的展示。教师以"引导""参与"教学的权利促进学生主体审美意识的觉醒与发展，引导学生建构属于自己的审美方法与策略，即审美教育是通过美的感受、陶冶与鉴赏来提升学生对美的感知力和判断力。

教师只有引导学生通过自身的努力，充分利用可以凭借的平台与机会，才能逐步实现对美的感能力和判断力的追求。例如，在《诗经》各种选文的学习过程中，一部分优秀学生会根据自身的综合素养与能力预先对《诗经》的内容有所涉猎，有一定的个性化意义的审美心得，在审美鉴赏中会有比其他学生更清晰和更具特色性的领悟与判断，对《诗经》

高中语文与
生活化教学

选文言、情、意的合目的性有一定意义的了解。但是更多学生会因为没有接触过《诗经》，并且没有较好的文字感悟能力，在学习和审美过程中显得步履艰难，仅停留在文字解读层面。基于此，审美教育个性化实践中，教师不能只关注那些有审美能力的优秀学生，还要关注那些有审美阻碍的学生，推荐适合的审美资源，设置不同的问题，引导学生体验自己的审美愉悦，得出自己的审美判断，在审美教育过程中各有所得，共同发展与进步。审美教育个性化显示的公平性激励每名学生积极参与审美教育活动，感受美的陶冶与启示。

四、生活语文审美教育的超越性和创造性特征

高中生活语文审美教育从教育理念、方式与方法等方面不断超越和创造，体现出超越性和创造性的特点。

（一）超越性

在审美教育中，教师的教学活动体现着自身的特殊性，它基于既有审美资源，但又超越资源；基于审美情感，但又超越感性；基于理性判断，但又超越理性；基于审美目的，但又超越目的性。超越性首先表现在教师开展审美教育的"非目的性"上。目的性是教师引导学生在审美教育过程中根据审美固有模式或者对审美情感已有的体验、经验按审美目的的要求形成审美判断。从本质上看，仅为完成教育目的而开展的教育活动是一种功利化的教育，在此过程中，审美教育成为追逐功利化的工具，缺失审美本质意义的超越与创新，使审美感性与理性两个角度停留于形式，缺失内涵。在为了实现功利性目的而进行的审美教育活动中，审美内涵与意蕴不是通过师生审美感受、体验、感悟和判断得来，而是根据固定模式和经验机械分析与总结得来，审美教育价值局限于技能性训练。审美教育个性化

讲求非目的性就是使审美教育中的愉悦成为一个可以不受功利性或者直接目的性干扰的、充满意蕴的世界，学生对这个世界进行审美观照，产生个性化审美情感，进而感悟和品味其中美的意义，形成审美判断。基于此，审美教育个性化并不是仅仅对美的事物的一般性的感官判断或者感受性描述，而是教师引导和鼓励学生从情感、思想与价值上对美的事物进行自我鉴赏判断，这也是对学生自身道德、人生观、价值观的综合检验，是超越性的意义所在。非常典型的例子是悲剧教学，大多数高中学生对悲剧的表现过程与结局有防备心理，以免产生情感上的失望与迷惘。如果在审美教育中，教师能关注学生的年龄、性格特点与心态等问题，首先对悲剧的本身意义与价值或者文字进行鉴赏，不受既有模式化的审美方式与直接功利性目的的干扰，然后从思想和价值上鉴赏其美的内涵，那么结果将是不同的。

例如，《孔雀东南飞》描述人物性格特点的文字准确而丰富，人物形象丰满。教师可以引导学生先不从个人好恶出发，而是从诗的背景、诗中的语言赏析开始，对文字的表现力进行鉴赏，对刘兰芝、焦仲卿、焦母等形象进行鉴赏，在感性判断的基础上对诗的主题思想与价值进行分析，得出审美精神层面的审美结论，体会诗歌的语言魅力与历史价值。这对学生自身的情感体验和理论思维水平也是一种升华与陶冶，这个审美过程就是一种超越。如果教师能引导和鼓励学生结合自己的情感感受能力，享受和深入探析诗歌文字的魅力，感受其与其他爱情诗歌如《长恨歌》的审美异同，则更容易提升审美境界。审美教育中文本的作用与价值、教学所采用的方式方法、审美意蕴与价值的感受和判断方法等问题，都需要教师在教学前进行思考与选择。但是要注意依据美的情感与价值、审美内容与对象、审美主体进行教学设计，既关注教师自身教学个性、条件与能力水平，也注意尊重学生自主学习、个性化学习的权利，不用关于审美教育过程和环节的学习目的要求来规范学生的审美行为，不干扰学生不同角度的审美过程，使其利用开放的审美教育平台实现自由审美。审美教育过程本身是感性与理性的体验、思维与判断的过程，是理性超越感性认识的过程。简言之，审美教育个性化关注教育过程中学生真实而有个性的审美情感和逻辑，力求提升审美教育的层次、作用与价值。超越性还表现在审美距离上，即教师作为审美主体首先要同审美对象保持审美距离，进而引导学生同样与审美对象保持审美距离。需要说明的是，这种审美距离并不是要求回避现实、生活与体验，而是避免现实（经验）决定审美判断的情况发生，不由现实去决定一切，否则审美主体只能接受现实和自我体验的审美成效，从而失去审美自由和深层次的审美愉悦。教师要引导和鼓励学生保持非功利性的审美态度，力求对美的事物有超然于自我、超然于现实的，静观、细腻的感情。教师要引导学生同现实与理想保持合适的距离，使其深入理想的审美境界而不过度，立于现实而不受现实的直接左右，在批评中欣赏，在欣赏中批评，执着于情感而又享受于超脱。

（二）创造性

审美教育创造性的价值在于理性对感性的超越和融合，这个过程体现的是审美感性和理性的双重创造价值。基于审美教育个性化的角度，教师应关注学生的审美情感与理性判断水平的提升。仅就审美情感而言，要提升情感层次与价值，就要在体验和感悟过程中引入理性意义的审美因素，用理性视角审视情感体验结论，感性愉悦就是感性经验受到理性的审视与提升后产生的。感性愉悦与理性判断的融合，事实上深化并丰富了理性对审美对象蕴含之美的直觉，审美意蕴就是通过理性和感性融合后的感性愉悦实现的。意蕴是所有艺术作品积极追求与表现的，马利坦说："这种艺术潜心于在事物中发现，并力求从中将事物自身被束缚的灵魂和关于动力和谐的内在原则，即其被想象为一种来自宇宙精神的不可见的幽灵的精神揭示出来，并赋予它们以生命和运动的典型形式。"正是这样，优秀的阅读资源在那些表象的文字、媒介的后面，内蕴着高尚的灵魂、风骨和精神，这就是意蕴，是感性视角审美的精神结果，是经过理性判断、富有精神内涵的感性认识。基于此，审美意蕴源于理性对感性认识的超越而形成的精神世界，从理性对感性的超越角度看，审美意蕴富有创造性。审美教育个性化要求教师从审美感性与理性融合的角度进行审美体验与判断后，积极引导学生提升审美意蕴，引导学生在关注感性认识的基础上，用理性认识来判断感性认识，从判断的过程中体验审美教育的精神意义。基于此，审美教育过程也是审美境界与意蕴不断提升的过程。

简言之，基于审美教育个性化的角度，教师引导学生进行审美理性判断使审美教育不再停留于美的表象形式产生的愉悦中，而是引向对审美对象本质的动态性、本质性观照上。教师对学生进行审美教育活动，也是调整和优化审美理性自身的结构与潜能。审美教育个性化就是要对美的意蕴与境界、动态与本质进行标志。这种标志不是显而易见的，而是隐含在审美资源中的，需要教师引导学生结合自身素质，认真从语言表述到文本内涵，到情感体验，到审美感受、审美评价等诸方面积极观照、体验、感受、分析、研究和鉴赏，实现审美意蕴的创造性。创造性的内涵与意义是无限的，因师而异，因生而异。审美判断的创造性基于审美教育个性化的视角，教师引导学生利用感性与理性融合的审美认识来体验和判断审美资源与要素，感受审美意蕴，这个认识的结论就是审美判断，是实现审美价值的基础。从教育过程看，教师开展审美教育，多角度利用审美资源与要素让学生感受和体悟审美对象中美的形式、内涵、品位和精神境界。这就是希尔特所说的"艺术形象中个别细节把所要表现的内容突出地表现出来的那种妥帖性"。这种妥帖是指那些"个别细节"体现艺术所要表现的内容的程度，只有审美教育角度与内容贴合得更有效、更突出，或者更深刻，那些"个别细节"才细中有"物"，其妥帖性才有价值，审美教育才有实效。在存在的层次上，基于理性的审美判断是更深层次的理智活动方式，审美对象内涵的这种妥帖性要依靠审美教育个性化的审美判断来实现。高中语文审美教育要求教师在审美教育的方式方法中加入理性和感性因素，激发审美创造的意识，关注学生群体的创新能力与水平，根据观察结果进行引导与评价；在审美的内容上，引导学生选择审美角度，观照审美因素，摄取美的信息，进行综合性审美判断。在审美判断过程中，教师不应限制学生的审美视角，而应鼓励创造。教师要在审美教育重点内容的教学中采取适合学生的方法，张扬个性，激发灵感。同时，教师要注意张扬教师和学生的双重个性，以教师生活化意义的教带动学生生活化、自主意义的学。这种带动包括引导学生以理性的视角审视感性的体验，促进感性与理性的融合，进而使学生体现出较高的审美境界和审美理想，超越其生活本身已经划定的狭隘感性认识范围，开拓自己的精神空间，正如宗白华所描述的，"我们的胸襟像一朵花似的展开，接受宇宙和人生的全景，了解它的意义，体会它的深沉的境地"。审美教育生活化要求教师完成审美理性对感性的超越，并使二者融为一体形成审美判断，让审美教育在形式与内容上都达到完整，正如黑格尔所说的，"理念或者内容的完整同时也就显现为形式的完整"。审美教育价值的最终层级，应该体现为审美教育生活化促进学生实现审美境界与精神完善发展的价值与意义，达成这个审美价值与意义，审美判断就体现出创造性。总而言之，学生的审美过程是对美的情感的感知与体验的感官判断，更是对美的对象的思想鉴赏和价值判断。在审美教育的过程中，"受教育者伴随着强烈的感情活动，处于美感的激情状态"。从性质上看，审美情感不同于日常的情感。日常情感常常带有个人的狭隘的功利性，具有强烈的个人爱憎和需要的特点；审美情感则是日常情感的升华，在审美活动中，它是自由的、非功利的，包含认识、评价等理由因素。审美教育要求教师不能从道德教育的角度进行公式化的教学，而要启发和提升学生的审美意识与学习能力，培养高尚的审美趣味，使个体的审美需要上升到审美理想的高度，唤起和形成那些有审美价值的性质与属性。学生个体审美需要的满足，有助于学生个体审美价值朝个体和社会之间联系更为紧密的方向发展，这是学生个体社会化的重要桥梁。为实现审美个性化，教师要引导和促进学生全面发展，关注和尊重不同学生群体的审美情感，感受他们的审美愉悦，提升他们审美判断的内涵与品位，支持不同角度的鉴赏判断，支持他们感悟高层次的审美意蕴；要引入更多的有启发与促进作用的审美条件和因素，引导学生积极进行审美体验与探索，形成较为深刻的审美判断，实现创造性。

第二节　高中生活语文审美
教育的实践原则

高中生活语文审美教育有以下实践原则：其一是民主性原则；其二是过程性原则；其三是协调性原则；其四是自由性原则；其五是主题化原则。

一、民主性原则

在高中生活语文审美教育中，审美情感是审美感知的起始。教师要通过激发学生自由意义的审美情趣，促进学生充分感受与体验美的情感和内涵，引导学生用发自内心的、非功利性的、自然的情感审视审美对象的美，这样无论是自然界还是时代与社会中审美对象蕴含的美，才会被真实且最大限度地展现和挖掘出来。审美教育的民主性是实现这个结果的重要保证。体现民主性，是教师开展审美教育的基本规范与准则。在高中语文审美教育中，教师要尊重学生群体的理性与感性认识，尊重他们对美的事物的直接感受与情感体验，尊重他们的审美心得与对审美内涵的理解，尊重他们对审美教育特征的自由理解与选择，使审美教育形成一个良好的交流与研究平台，提供机会以实现学生群体的思想、道德、精神朝向完善发展的无限可能性。需要注意的是，"如果没有把'向善''求真'作为教育民主的本质，那么教育民主很可能将会是对学生发展的不负责任"，在审美鉴赏活动中，要在学生群体对美的"善"与"真"的追求过程中体现民主性。要体现民主性原则，教师就要形成开放式的教学观，依循个性化教学设计，引导学生主动参与审美学习，给予学生更多的审美空间与权利，帮助学生实现学习主体地位，同时发挥自身引导者和促进者的角色与作用；要引导和建议每名学生积极展示审美情感与体验，并利用直觉的理性审视自己的审美过程与结论，促进每名学生用审美理性观照审美感性并实现二者的融合，形成个性的审美观与审美判断；要积极支持和促进学生多元化的审美参与，鼓励相互印证、合作学习，获得对高中语文审美特征的多元理解，多角度深化美的本质性内涵，让每名学生都能从审美学习的合作、交互中受益与发展。

教师应与学生共同建构审美教育个性化的民主性审美情境和氛围，不预设判断与结论，通过高中语文审美教育个性化的体验与思考，由学生自主形成审美判断，使学生感受到审美教育中自由、唯美的氛围，获得独特的审美感悟和愉悦。民主审美情境与氛围是基于审美教育个性化而逐渐形成的，在此过程中，教师要积极凸显学生的审美教育主体地位，引导学生自主学习与个性发展，激发审美潜能。相应地，教师应在实现引导与促进作用的同时，重视审美过程，强调审美情境与氛围的健康向上。

二、过程性原则

高中生活语文审美教育对学生提升审美判断水平与境界、拓展审美思维与情感体验领域有积极而重要的作用。审美过程就是教师引导学生充分体会美的形式与内涵、情感与理性，突出个性与主体性，力求提升审美综合素养，促进个性发展。在这个过程中，师生、生生相互借鉴与促进，感受、领悟和鉴赏丰富而多元的美，充分进行感性与理性的分析、交流与鉴赏，感悟审美对象内隐、外显的各种细微变化和蕴藉的无尽情感与理性意义。审美教育与审美的过程性并不相同，基于教育的需要，教育资源尤其是审美对象有多样性的特点，审美空间广博，审美角度多元，更多时候学生群体审美的角度与结论不尽相同，并且习惯在一般意义的共识性的审美结论后，形成自己个性化的体验与结论。这种对审美对象进行深入理解和阐释的过程是弥足珍贵的，是学生充分进行审美理性与感性交融式的领悟，进行正确审美判断与评价，感受审美教育意义与收获的最佳平台。在高中语文审美教育中，教师要关注学生的审美结论，更要积极观照学生的审美过程，细心体味，有针对性，对学生的审美过程予以积极而充分的肯定和中肯而有启发意义的指导，这种做法肯定学生在审美教育过程中对情感体验与理性判断的投入和努力，以及品位、感悟和提升，重要意义不言而喻。如在《逍遥游》的审美教育中，基于理性与感性经验的能力和水平，无论是内在的审美内涵还是外在的客观审美对象，学生群体仅从文字表象意义发现其审美精神内涵是较难的，这需要学生的不断体验与思考鉴赏，需要教师及时的引导与示范。对于此类古典文化的审美教育，仅关注审美结论容易走入单一学习技能训练的层面，学生为了审美结论而寻找审美结论，缺少过程性的情感体验与理论判断，这种结论是空洞而无意义的。此类文章其实不必要引经据典得出有深度的结论，即便得出结论，也并不具有真实的审美意义，并不符合学生群体的年龄与思维水平，只是文字意义的空洞表述。高中语文审美教育个性化需要审美情感感受与体验的过程。审美教育首先是情感的教育，而且是情感不断丰富和完善的过程性教育，审美过程的动态变化有利于深化和拓展学生对美的领悟与鉴赏视野。审美教育个性化需要教师调动和整合各种审美因素，关注和引导审美情感体验过程，尤其是引导学生结合审美内在与外在各种积极因素，调动直觉性审美情感和理性判断思维，积极进行审美教育个性化的情感体验与探索，这个审美过程本身就是不断促进感性与理性体验和判断的过程，是促进二者融合并促进理性对感性超越的过程。深层次的审美教育个性化需要这种情感体验的过程性，缺失审美过程就失去审美教育的实际意义。另外，高中语文审美教育个性化需要强调理性审视和判断审美过程，在感性体验的基础上，教师应引导学生用理性的审美视角审视感性审美过程，不断融合与发展，进而实现理性对感性的超越，使学生形成比较完整的审美观点与思维。需要指出的是，这是在审美过程中不断完善与发展的，而并非简单的逻辑推理与判断。

三、协调性原则

高中生活语文审美教育凸显教师教的个性与学生学的个性，但并非只凸显个体行为。个性化强调审美教育中各种条件与因素充分、全面的参与，最大限度地实现和激发学生个性潜能与审美兴趣。协调性原则就是协调审美教育各种因素之间的关系，从而形成推动力，有效推进审美教育的交互与合作。高中语文审美教育个性化的实践主体是学生，而学生在开始进行审美鉴赏和判断的时候，会充分依靠自己既有的审美认知能力、道德判断能力和审美感应能力，随着审美经验的增加、审美判断能力的提升和审美视野的拓展，学生逐渐学会如何与审美对象保持审美距离，进行非功利性审美，体会"静观"的意味。在此过程中，学生的审美能力离不开与智育和德育等因素的协调，不同因素间的相互作用使学生有更多的可借鉴角度与评价标准，激发更多的审美情趣与潜力，审美教育将不只局限于美的情感本身，并不只有理性的判断，并不只有技能性的审美训练。在高中语文审美教育个性化实践中，教师要关注学生个体与群体之间在审美学习过程中的协调性。基于年龄层的知识、思维能力与特点，年龄相近的学生群体在审美过程中会有较高程度的共鸣和相互认可，而且因为群体的审美感应能力和范围远远超过学生个体水平，所以学生个体的审美表现和反应常常湮没在群体的审美智慧中。教师协调学生个体和群体的关系，就是要使学生个体和群体在协调的关系中双双受益，群体得益于个体的创新性思维和个性化的深入感知与判断，个体又得益于群体广阔的审美视野，进而提升审美的价值与意义。审美教育资源会因为审美教育个性化深入开展的需要而趋向于多元选择和利用，不同的视角有不同的审美体验、判断与资源需求。在高中语文审美教育个性化视野中，教师首先要对审美资源进行个性化选择与整合，提供有代表性意义和引导意义的审美教育资源库。其次，教师要着力引导学生对审美资源进行个性化取舍，既支持学生个体意义的资源摄取与利用，又支持学生合作开发不同视角的审美资源。教师加强对典型审美资源的选择和利用，强化的是示范意义，精心选择角度，主次分明，大胆取舍，加强预设，科学借鉴，最大限度地挖掘资源的价值；加强学生的审美理性判断能力，拓展感性体验的范围，提高审美境界与层次。基于此，师生、生生间审美教育资源协调的意义在于师生、生生审美角度与思维方式的协调和共同提升。教师尤其要引导学生对审美教育资源的综合性关注和个性化选取，并在高中语文审美教育个性化实践过程中积极使用。审美教育需要一定的审美空间与平台以完成审美教育目标。在高中语文审美教育个性化实践中，教师要引导和促进学生充分利用审美空间与平台进行审美，保持"静观"状态，即与审美对象保持审美距离，不受功利性影响，自由审美。教师教学目标设定过低或者过高，都会影响审美空间与平台的建构层次，并直接影响学生审美经验、感应力和判断力的运用与展开，影响审美教育的深入推进，使学生失去审美兴趣，进而将审美教育变成审美技能教育或者模式化教育。从这个意义上说，教师审美教育目标的设定有必要和学生的审美情感、经验、素质与能力水平相一致，与学生审美需求相协调，进而发挥引导与促进作用。审美教育有其内在规律，其中有一个非常重要的观点，即康德提出的一切的美既不在纯粹的理性，也不完全在纯粹的感性，而在理性与感性之间的一种自由、协调的关系。在高中语文审美教育个性化视野中，审美理性决定了审美活动的深度与视野，审美感性决定了审美的领悟力和感染力。在审美教育过程中，教师审美理性与感性的协调程度直接影响审美判断力和审美结论，审美感性与理性的相互补充、相互印证，会使学生审美活动的视野与深度有较大的进步。这里需要强调的是，高中语文审美教育个性化要求审美感性体验与理性判断共同存在并且不断融合，进而通过审美理性与审美感性的融合，实现审美理性对审美感性的超越，这是协调的终极意义所在。

四、自由性原则

生活语文审美教育实践体现着自由感受与感受自由的原则。在高中语文审美教育个性化视野中，自由性原则是必要的教学原则。这里的自由是指不以审美技能的练习涵盖审美教育活动，不以实现审美功利性目的为审美教育的前提，不为了审美而进行审美，给学生以自由的审美心理支持，引导与促进学生自由感受艺术作品和时代文化中美的存在意义与价值。这种自由是审美心理的自由，是精神和理性的自由，是实现学生"审美主体"地位的实践表征之一。在此过程中，教师的引导与促进作用是学生形成审美自由的重要保障，尤其在高中审美教育中，教师展开审美教育各环节，支持与鼓励学生形成和充分运用自主意识与个性化学习心理，学习用自己个性化的视角感受和体验美的意义与价值。教师的引导与鼓励重在支持学生健康审美心理和自由意识的形成，而并非仅关注学生审美判断的价值。在审美教育过程中，教师教学方式与内容的自由首先表现在反对将审美教育模式化，如教学方式模式化、教学方法模式化、学习方式和方法模式化等。固定的教学模式将使学生的审美思维与学习习惯形成定式，无法实现审美的创新性与理性超越，不适合审美教育这种感性与理性高度统一的教学活动，高中语文课堂教学中每一次审美教育活动的方式与内容不是凭借复制得来的。教师要根据自身的教学个性与特点，针对不同的审美内容、不同的学生群体设计不同的教学方式、方法，要允许学生有灵活与个性化选择学习方式和内容的权利与自由，允许他们根据自己的特点和兴趣自主开展审美学习活动，在开放性审美教育平台与空间的保障中各展所长，激发审美潜在能力，形成适合的审美氛围，提高审美教育实践水平。基于审美教育个性化视角的审美评价的目的是诊断师生在审美过程中教与学行为的得失，教师的评价自由是支持和鼓励学生进行适合自身的、有发展意义的审美学习，对他们的审美过程与判断进行引导和促进，并提出建议。这里的自由不是随意和敷衍，而是有较强的针对性、指导性和整合性。不同的学生个体、群体，不同的地域和学习内容、教育资源等因素都要求教师的评价灵活且有重点，有较强的针对性，针对具体的人群、具体

的问题、具体的环境等。这有利于学生迅速了解自身审美活动的得与失，及时调整学习方式方法，调整思维角度，举一反三，循序渐进。教师的评价要体现自由的特点，但是不能泛泛而谈或只是空泛鼓励。学生审美学习过程中的理性与感性均需要教师通过评价引导和促进，尤其是促使审美理性与感性的融合及超越。学生的审美理性通常来源于阅读、记忆、思考或者教师的讲解，对于理性范畴的知识性积累，教师可以通过对学生审美判断有指向的评析引导学生正确积累与认识，并且不断内化为学生自身的审美理性。学生的审美感性是独特的，每名学生都有不同的审美感受和不同的审美体验，教师评价有必要因人而异，因势利导，鼓励、引导学生思考审美感性基础上的审美理性判断，提升审美品位与价值。

五、主题化原则

在高中生活语文审美教育过程中，不同教师与学生的眼中存在不同的"无目的的合目的性"的美的事物、思想、情感和精神。教师要有审美教育个性化教学的勇气，积极进行方式与方法的探索。高中语文审美教育中，教师教学设计预设的价值表现在提供适合的学习空间，设计适合的审美问题，科学地预留问题生成空间；设计同一或者相近审美主题，使课堂内审美教育得以深入开展，更有成效，每名学生都可以在自身充分和积极参与、体验和思考的前提下进行有效交流与合作。这里需要说明的是，教师要关注同一主题或者相近主题与学生群体的审美素养、能力水平是否一致，与审美对象的主要特点是否有紧密联系。其他有价值的审美问题或者学生个体的审美体验与判断可以在生成性审美问题的处理中整合，重点分析，共同解决。在审美教育中，不同主题的审美对象有时会有对比性的审美学习，不同主题并不意味着一定有不同内涵，同一或者相近的审美内涵会使学生审美感应力受到相同的触动和启发，并从不同角度感受和判断同一审美问题，这种审美自由给教师和学生带来相似的审美愉悦。从这个意义上说，审美需要区别，也需要共鸣，教师选取同一内涵与相近内涵其实是教师对学生审美学习内容、方式与方法的有益引导，在此过程中显示个性化的审美视角与能力水平，不同的角度仁者见仁，互有触动，交互心得，共同提高。审美教育中美的鉴赏角度是多元的，基于学生不同的审美素养和感受力，每名学生都有自己的审美自由和判断，这些判断合乎审美原则，却又明显在审美境界上有所区别。但是，教师作为审美教育活动的参与者、促进者、评价者，应该积极承担引导与促进审美教育的责任，引导学生明确树立合乎时代与社会发展要求，合乎美的本质的审美价值观，鼓励、引导学生在正确的审美价值视角内开展自主、合作与探究式审美学习，并依此进行审美感受、体验、领悟与判断，审美感性与理性都应合乎正确的审美价值观标准。其中，审美超越和创造性不应与主流审美价值观相悖离。为提升审美教育价值观的境界与内涵，教师及学生都应及时树立正确的审美价值观，明确审美教育的理性思考方向，这对高中语文审美教育个性化质量的提升，对教师审美教育能力与水平的促进，对学生审美个性、水平与境界的提升和拓展都有积极且重要的作用。